FREMDSPRACHENTEXTE · SPANISCH

Jorge Luis Borges

La biblioteca de Babel

Cuentos selectos y un poema

Herausgegeben von
Monika Ferraris

Nachwort von
Elmar Schenkel

Reclam

Diese Ausgabe darf nur in der Bundesrepublik Deutschland, in Österreich und in der Schweiz vertrieben werden.

Venta autorizada únicamente en Alemania, Austria y Suiza.

RECLAMS UNIVERSAL-BIBLIOTHEK Nr. 19788
2010 Philipp Reclam jun. GmbH & Co. KG,
Siemensstraße 32, 71254 Ditzingen
info@reclam.de

Druck und Bindung: Esser printSolutions GmbH,
Untere Sonnenstraße 5, 84030 Ergolding
Printed in Germany 2025
RECLAM, UNIVERSAL-BIBLIOTHEK und
RECLAMS UNIVERSAL-BIBLIOTHEK sind eingetragene Marken
der Philipp Reclam jun. GmbH & Co. KG, Stuttgart
ISBN 978-3-15-019788-2
reclam.de

Al idioma alemán

Mi destino es la lengua castellana,
El bronce de Francisco de Quevedo,
Pero en la lenta noche caminada,
Me exaltan otras músicas más íntimas.
Alguna me fue dada por la sangre –
Oh voz de Shakespeare y de la Escritura –,
Otras por el azar, que es dadivoso,
Pero a ti, dulce lengua de Alemania,
Te he elegido y buscado, solitario.
A través de vigilias y gramáticas,
De la jungla de las declinaciones,
Del diccionario, que no acierta nunca
Con el matiz preciso, fui acercándome.
Mis noches están llenas de Virgilio,
Dije una vez; también pude haber dicho
De Hölderlin y de Angelus Silesius.

2 **el destino:** Schicksal. • 3 **Francisco de Quevedo:** Francisco Gómez de Quevedo y Santibañez Villegas (1580–1645); Schriftsteller des Siglo de Oro, Autor des berühmten Schelmenromans *Historia de la vida del Buscón*. • 5 **exaltar a alg.:** jdn. begeistern. • 7 **la Escritura:** die Heilige Schrift. • 8 **el azar:** Zufall. • **dadivoso/a:** freigiebig. • 10 **solitario/a:** einsam, allein; hier (fig.): aus freiem Willen. • 11 **la vigilia:** Nachtwache; hier etwa: geistige Nachtarbeit. • 12 **la jungla:** Dschungel. • 13 **acertar con algo:** etwas finden, treffen. • 14 **el matiz:** Färbung, Farbton; hier (fig.): Nuance. • **acercarse (a algo):** sich (einer Sache) nähern. • 15 **Virgilio:** Vergil (70–19 v. Chr.); römischer Dichter, Autor des Versepos *Aeneis*. • 17 **Angelus Silesius:** eigtl. Johannes Scheffler (1624–77); Lyriker des Barock.

Heine me dio sus altos ruiseñores;
Goethe, la suerte de un amor tardío,
A la vez indulgente y mercenario;
Keller, la rosa que una mano deja
En la mano de un muerto que la amaba
Y que nunca sabrá si es blanca o roja.
Tú, lengua de Alemania, eres tu obra
Capital: el amor entrelazado
De las voces compuestas, las vocales
Abiertas, los sonidos que permiten
El estudioso hexámetro del griego
Y tu rumor de selvas y de noches.
Te tuve alguna vez. Hoy, en la linde
De los años cansados, te diviso
Lejana como el álgebra y la luna.

El oro de los tigres, 1972

1 **el ruiseñor:** Nachtigall. • 2 **la suerte:** Glück, Schicksal. • **tardío/a:** spät. • 3 **indulgente:** nachsichtig, milde. • **mercenario/a:** etwa: lohnend, bereichernd (*el mercenario:* Söldner). • 7 **la obra capital:** Hauptwerk. • 8 **entrelazar:** verflechten, ineinander weben. • 9 **la voz compuesta:** hier: zusammengesetztes Wort. • 11 **estudioso/a:** lerneifrig, fleißig. • **el hexámetro:** Hexameter; klassisches Versmaß der epischen Dichtung. • 12 **el rumor:** Geräusch; hier: Rauschen (des Waldes). • **la selva:** (dichter) Wald. • 13 **la linde:** Grenzweg, Grenze; hier (fig.): Ende. • 14 **divisar:** (in der Ferne) erblicken, ausmachen. • 15 **lejano/a:** fern, entfernt.

La intrusa

2 Reyes, I, 26

Dicen (lo cual es improbable) que la historia fue referida por Eduardo, el menor de los Nelson, en el velorio de Cristián, el mayor, que falleció de muerte natural, hacia mil ochocientos noventa y tantos, en el partido de Morón. Lo cierto es que alguien la oyó de alguien, en el decurso de esa larga noche perdida, entre mate y mate, y la repitió a Santiago Dabove, por quien la supe. Años después, volvieron a contármela en Turdera, donde había acontecido. La segunda versión, algo más prolija, confirmaba en suma la de Santiago, con las pequeñas variaciones y divergencias que

1 **el intruso / la intrusa:** Eindringling, Störenfried. • 2 **2 Reyes I, 26:** Die Angabe ist irreführend, das 1. Kapitel im 2. Buch der Könige endet schon nach Vers 18. Gemeint ist vermutlich die folgende Stelle im 2. Buch Samuel 1,26: »Es ist mir leid um dich, mein Bruder Jonathan! Ich habe große Freude und Wonne an dir gehabt; deine Liebe ist mir sonderlicher gewesen, denn Frauenliebe ist.« (Übers. Martin Luther.) • 3f. **referir:** berichten, erzählen. • 4f. **el velorio:** Totenwache. • 5 **fallecer:** sterben. • 6f. **el partido:** hier: Bezirk. • 7 **Morón:** Bezirk in der Provinz Buenos Aires mit gleichnamiger Hauptstadt. • 8 **el decurso:** Verlauf. • 9 **el mate:** Matetee (argentinisches Nationalgetränk; wird traditionell in einem hohlen Kürbis aufgegossen und mit einem Metallröhrchen reihum getrunken). • 11 **Turdera:** Kleinstadt in der Provinz Buenos Aires. • 12 **prolijo/a:** gewissenhaft, minuziös; weitschweifig. • **en suma:** kurz (und gut), zusammenfassend. • 13 **la divergencia:** Abweichung.

son del caso. La escribo ahora porque en ella se cifra, si no me engaño, un breve y trágico cristal de la índole de los orilleros antiguos. Lo haré con probidad, pero ya preveo que cederé a la tentación literaria de acentuar o agregar algún pormenor.

En Turdera los llamaban los Nilsen. El párroco me dijo que su predecesor recordaba, no sin sorpresa, haber visto en la casa de esa gente una gastada Biblia de tapas negras, con caracteres góticos; en las últimas páginas entrevió nombres y fechas manuscritas. Era el único libro que había en la casa. La azarosa crónica de los Nilsen, perdida como todo se perderá. El caserón, que ya no existe, era de ladrillo sin revocar; desde el zaguán se divisaban un patio de baldosa colorada y otro de tierra. Pocos, por lo demás, entraron ahí; los Nilsen defendían su soledad. En las habitaciones desmanteladas dormían en catres; sus lujos eran el caba-

1 **ser del caso:** dahingehören, (dafür) typisch sein. • **cifrar:** verschlüsseln. • 2 **el cristal:** hier (fig.): Spiegel, Abbild. • **la índole:** Naturell, Wesensart. • 3 **el orillero** (Am.): Vorstädter; hier: Bewohner der Vororte von Buenos Aires Stadt. • **la probidad:** Rechtschaffenheit, Integrität. • 4 **prever:** vorhersehen, voraussehen. • **ceder a la tentación:** der Versuchung erliegen (*ceder:* sich beugen, nachgeben). • 5 **agregar:** hinzufügen. • **el pormenor:** Einzelheit, Detail. • 8 **gastar:** abnutzen, verschleißen. • 9 **los caracteres góticos:** gotische Schrift (*el carácter:* hier: Schriftzeichen, Buchstabe). • 10 **entrever:** undeutlich sehen, erahnen. • **manuscrito/a:** handgeschrieben, handschriftlich. • 11 **la azarosa crónica:** hier etwa: die Geschichte (der Nilsens) mit all ihren Höhen und Tiefen (*azaroso/a:* waghalsig; strapazenreich). • 12 **el caserón** (aum.): *la casa.* • 13 **el ladrillo:** Ziegelstein. • **revocar:** kalken, verputzen. • 14 **el zaguán:** Vorhalle (überdachter Eingang). • **divisar:** (in der Ferne) erblicken, ausmachen. • **la baldosa:** Fliese. • **colorado/a:** farbig; hier: rot. • 15 **por lo demás:** im Übrigen. • 16f. **desmantelar:** demontieren, (aus)räumen. • 17 **el catre:** Pritsche.

llo, el apero, la daga de hoja corta, el atuendo rumboso de los sábados y el alcohol pendenciero. Sé que eran altos, de melena rojiza. Dinamarca o Irlanda, de las que nunca oirían hablar, andaban por la sangre de esos dos criollos. El barrio los temía a los Colorados; no es imposible que debieran alguna muerte. Hombro a hombro pelearon una vez a la policía. Se dice que el menor tuvo un altercado con Juan Iberra, en el que no llevó la peor parte, lo cual, según los entendidos, es mucho. Fueron troperos, cuarteadores, cuatreros y alguna vez tahures. Tenían fama de avaros, salvo cuando la bebida y el juego los volvían generosos. De sus deudos nada se sabe ni de dónde vinieron. Eran dueños de una carreta y una yunta de bueyes.

Físicamente diferían del compadraje que dio su apodo forajido a la Costa Brava. Esto, y lo que ignoramos, ayuda a comprender lo unidos que fueron. Malquistarse con uno era contar con dos enemigos.

1 **el apero** (Am.): Sattelzeug, Pferdegeschirr. • **la daga de hoja corta:** Dolch mit kurzer Klinge. • **el atuendo:** Aufmachung, Aufzug. • 1 f. **rumboso/a:** prunkvoll, prächtig. • 2 **pendenciero/a:** streitsüchtig. • 3 **la melena:** Haarschopf, Mähne. • **rojizo/a:** rötlich. • 8 **el altercado:** Auseinandersetzung, Streit. • 9 **llevar(se) la peor parte** (loc.): den Kürzeren ziehen. • **el entendido / la entendida:** Kenner(in), Experte/Expertin. • 10 **el tropero** (Am.): Rinderhirt, Cowboy. • **el cuarteador** (Arg.): Schlachter (*cuartear:* vierteilen, zerlegen). • **el cuatrero:** Viehdieb. • 11 **el tahúr** (Arg.): Falschspieler. • **avaro/a:** geizig. • **salvo** (adv.): außer. • 13 **el deudo / la deuda:** Verwandte(r). • 14 **la carreta:** Karren. • **la yunta de bueyes:** Ochsengespann. • 15 **diferir de algo:** von etwas abweichen, sich von etwas unterscheiden. • **el compadraje** (pey.): Kumpanei; hier etwa: Bande. • 16 **el apodo:** Spitzname. • **forajido/a:** gesetzesflüchtig. • 16 f. **ignorar:** nicht kennen, nicht wissen. • 18 **malquistarse:** sich entzweien, zerstreiten.

Los Nilsen eran calaveras, pero sus episodios amorosos habían sido hasta entonces de zaguán o de casa mala. No faltaron, pues, comentarios cuando Cristián llevó a vivir con él a Juliana Burgos. Es verdad que ganaba así una sirvienta, pero no es menos cierto que la colmó de horrendas baratijas y que la lucía en las fiestas. En las pobres fiestas de conventillo, donde la quebrada y el corte estaban prohibidos y donde se bailaba, todavía, con mucha luz. Juliana era de tez morena y de ojos rasgados, bastaba que alguien la mirara para que se sonriera. En un barrio modesto, donde el trabajo y el descuido gastan a las mujeres, no era mal parecida.

Eduardo los acompañaba al principio. Después emprendió un viaje a Arrecifes por no sé qué negocio; a su vuelta llevó a la casa una muchacha, que había levantado por el camino, y a los pocos días la echó. Se hizo más hosco; se emborrachaba solo en el almacén y

1 **la calavera:** Totenkopf; hier (fig.): zügelloser Mensch. • 2f. **la casa mala** (fig.): Bordell, Freudenhaus. • 6 **colmar:** überschütten, überhäufen. • **horrendo/a:** schrecklich, grauenerregend. • **las baratijas** (pl.!): Ramsch (*la baratija:* wertlose Sache). • **lucir:** zur Schau stellen. • 7 **la fiesta de conventillo:** etwa: Nachbarschaftsfest (*el conventillo*, Arg.: ehemaliges hochherrschaftliches Haus, das in ein Mietshaus umgewandelt wurde). • 8 **la quebrada / el corte:** Figuren des argentinischen Tango. • 9f. **de tez morena:** dunkelhäutig (*la tez:* Gesichtsfarbe, Teint). • 10 **los ojos rasgados:** Schlitzaugen (*rasgar:* aufschlitzen, zerreißen). • 12 **el descuido:** Vernachlässigung. • 12f. **ser bien/mal parecido/a:** gut/schlecht aussehen. • 14f. **emprender un viaje:** eine Reise antreten (*emprender:* in Angriff nehmen). • 15 **Arrecifes:** Stadt im Norden der Provinz Buenos Aires. • 17 **echar a alg.:** jdn. hinauswerfen, verjagen. • 18 **hosco/a:** mürrisch. • **emborracharse:** sich betrinken. • **el almacén** (Am.): Lebensmittelladen; hier: Gasthof.

no se daba con nadie. Estaba enamorado de la mujer de Cristián. El barrio, que tal vez lo supo antes que él, previó con alevosa alegría la rivalidad latente de los hermanos.

Una noche, al volver tarde de la esquina, Eduardo vio el oscuro de Cristián atado al palenque. En el patio, el mayor estaba esperándolo con sus mejores pilchas. La mujer iba y venía con el mate en la mano. Cristián le dijo a Eduardo:

– Yo me voy a una farra en lo de Farías. Ahí la tenés a la Juliana; si la querés, usala.

El tono era entre mandón y cordial. Eduardo se quedó un tiempo mirándolo; no sabía qué hacer. Cristián se levantó, se despidió de Eduardo, no de Juliana, que era una cosa, montó a caballo y se fue al trote, sin apuro.

Desde aquella noche la compartieron. Nadie sabrá los pormenores de esa sórdida unión, que ultrajaba las decencias del arrabal. El arreglo anduvo bien por unas semanas, pero no podía durar. Entre ellos, los hermanos no pronunciaban el nombre de Juliana, ni

1 **darse con alg.:** sich mit jdm. treffen, mit jdm. Umgang haben. • 3 **alevoso/a:** hinterlistig, heimtückisch. • 6 **el oscuro:** hier: dunkles Pferd. • **atar:** festbinden, fesseln. • **el palenque** (Am.): Pfosten, Pfahl. • 7f. **las pilchas** (Am., fam.): Klamotten. • 10 **la farra** (fam.): Fest. • 10f. **tenés** (Arg. u. a.): *tienes* (in Argentinien und Teilen anderer Länder Zentral- und Südamerikas wird für die Anrede im Singular das Pronomen *vos* statt *tú* verwendet, die folgende Verbform weicht in der Regel vom Standardspanisch ab). • 11 **querés** (Arg. u. a.): *quieres.* • 12 **mandón, -ona:** befehlshaberisch, herrisch. • 15 **al trote:** im Trab. • 16 **el apuro** (Am.): Eile, Hast. • 17 **compartir:** teilen. • 18 **sórdido/a:** schäbig, schmutzig. • **ultrajar:** kränken, beleidigen. • 19 **la decencia:** Anstand. • **el arrabal:** Vorstadt.

siquiera para llamarla, pero buscaban, y encontraban, razones para no estar de acuerdo. Discutían la venta de unos cueros, pero lo que discutían era otra cosa. Cristián solía alzar la voz y Eduardo callaba. Sin saberlo, estaban celándose. En el duro suburbio, un hombre no decía, ni se decía, que una mujer pudiera importarle, más allá del deseo y la posesión, pero los dos estaban enamorados. Esto, de algún modo, los humillaba.

Una tarde, en la plaza de Lomas, Eduardo se cruzó con Juan Iberra, que lo felicitó por ese primor que se había agenciado. Fue entonces, creo, que Eduardo lo injurió. Nadie, delante de él, iba a hacer burla de Cristián.

La mujer atendía a los dos con sumisión bestial; pero no podía ocultar alguna preferencia por el menor, que no había rechazado la participación, pero que no la había dispuesto.

Un día, le mandaron a la Juliana que sacara dos sillas al primer patio y que no apareciera por ahí, porque tenían que hablar. Ella esperaba un diálogo largo

4 **alzar:** erheben. • **callar:** schweigen, verstummen. • 5 **celar a alg.:** jdm. (aus Eifersucht) hinterherspionieren. • **el suburbio:** Vorstadt. • 7 **el deseo:** Wunsch, Verlangen, Begierde. • 8f. **humillar:** demütigen. • 10 **la plaza de Lomas:** zentraler Platz in der Stadt Lomas de Zamora, die im gleichnamigen Regierungsbezirk liegt. • 10f. **cruzarse con alg.:** jdm. (zufällig) begegnen. • 11 **el primor:** Geschicklichkeit; Meisterstück. • 11f. **agenciarse algo:** sich etwas beschaffen; hier: sich mit etwas zu helfen wissen. • 13 **injuriar:** beschimpfen, beleidigen. • **hacer burla de alg.:** über jdn. Witze machen, jdn. verspotten (*la burla:* Spaß, Spott). • 15 **la sumisión:** Unterwürfigkeit. • **bestial:** tierisch, animalisch. • 16 **ocultar algo:** etwas verbergen, verheimlichen. • 17 **rechazar:** ablehnen, zurückweisen. • 20 **aparecer:** erscheinen.

y se acostó a dormir la siesta, pero al rato la recordaron. Le hicieron llenar una bolsa con todo lo que tenía, sin olvidar el rosario de vidrio y la crucecita que le había dejado su madre. Sin explicarle nada la subieron a la carreta y emprendieron un silencioso y tedioso viaje. Había llovido; los caminos estaban muy pesados y serían las cinco de la mañana cuando llegaron a Morón. Ahí la vendieron a la patrona del prostíbulo. El trato ya estaba hecho; Cristián cobró la suma y la dividió después con el otro.

En Turdera, los Nilsen, perdidos hasta entonces en la maraña (que también era una rutina) de aquel monstruoso amor, quisieron reanudar su antigua vida de hombres entre hombres. Volvieron a las trucadas, al reñidero, a las juergas casuales. Acaso, alguna vez, se creyeron salvados, pero solían incurrir, cada cual por su lado, en injustificadas o harto justificadas ausencias. Poco antes de fin de año el menor dijo que tenía que hacer en la Capital. Cristián se fue a Morón; en el palenque de la casa que sabemos reconoció al overo de Eduardo. Entró; adentro esta-

1f. **recordar:** hier (Arg.): aufwecken. • 3 **el rosario:** Rosenkranz. • 5f. **tedioso/a:** langweilig, ermüdend. • 8 **el prostíbulo:** Bordell, Freudenhaus. • 9 **el trato:** Vereinbarung, Geschäft. • 12 **la maraña** (fig.): Wirrwarr. • 13 **reanudar algo:** etwas wieder aufnehmen, an etwas wieder anknüpfen. • 14f. **la trucada** (fam.): Truco-Spielen (argentinisches Kartenspiel). • 15 **el reñidero:** Hahnenkampfplatz. • **la juerga:** Gaudi; Sauferei (*estar de juerga:* einen draufmachen). • **casual:** zufällig, gelegentlich. • 16 **soler hacer algo:** etwas zu tun pflegen. • **incurrir en:** geraten in, sich verstricken in. • 17 **(in)justificado/a:** (un)gerechtfertigt. • **harto** (adv.): genug, ausreichend; allzu. • 18 **la ausencia:** Abwesenheit. • 21 **el overo** (Arg.): hellbraunes Pferd.

ba el otro, esperando turno. Parece que Cristián le dijo:

– De seguir así, los vamos a cansar a los pingos. Más vale que la tengamos a mano.

Habló con la patrona, sacó unas monedas del tirador y se la llevaron. La Juliana iba con Cristián; Eduardo espoleó al overo para no verlos.

Volvieron a lo que ya se ha dicho. La infame solución había fracasado; los dos habían cedido a la tentación de hacer trampa. Caín andaba por ahí, pero el cariño entre los Nilsen era muy grande – ¡quién sabe qué rigores y qué peligros habían compartido! – y prefirieron desahogar su exasperación con ajenos. Con un desconocido, con los perros, con la Juliana, que había traído la discordia.

El mes de marzo estaba por concluir y el calor no cejaba. Un domingo (los domingos la gente suele recogerse temprano) Eduardo, que volvía del almacén, vio que Cristián uncía los bueyes. Cristián le dijo:

– Vení; tenemos que dejar unos cueros en lo del Pardo; ya los cargué, aprovechemos la fresca.

1 **esperar (su) turno:** warten, bis man an der Reihe ist (*el turno:* Schicht, Reihe). • 3 **el pingo** (Am., fam.): Pferd. • 3f. **más vale que** (+ subj.): besser. • 6 **el tirador** (Arg.): breiter, verzierter Gürtel der argentinischen Gauchos mit eingenähten Geldtaschen. • 7 **espolear:** die Sporen geben. • 10 **hacer trampa:** betrügen, falsch spielen (*la trampa:* Falle, Schwindel). • **Caín:** Kain; Sohn von Adam und Eva, der aus Neid seinen Bruder Abel umbrachte. • 12 **el rigor:** Härte, Strenge. • 13 **desahogar su exasperación con ajenos:** seine Wut an Fremden auslassen (*desahogarse:* sich Erleichterung verschaffen; *ajeno/a:* fremd). • 15 **la discordia:** Zwietracht. • 16 **concluir:** enden, zu Ende gehen. • 17 **cejar:** aufhören, nachlassen. • 17f. **recogerse:** nach Hause gehen. • 19 **uncir:** einspannen. • 20 **vení** (Arg. u. a.): *ven.*

El comercio del Pardo quedaba, creo, más al Sur; tomaron por el Camino de las Tropas; después, por un desvío. El campo iba agrandándose con la noche.

Orillaron un pajonal; Cristián tiró el cigarro que había encendido y dijo sin apuro:

– A trabajar, hermano. Después nos ayudarán los caranchos. Hoy la maté. Que se quede aquí con sus pilchas. Ya no hará más perjuicios.

Se abrazaron, casi llorando. Ahora los ataba otro vínculo: la mujer tristemente sacrificada y la obligación de olvidarla.

El informe de Brodie, 1970

2 **el Camino de las Tropas:** Straßenname. • 3 **el desvío:** Umleitung; hier: Nebenstraße. • **agrandarse:** sich vergrößern, erweitern. • 4 **orillar algo:** etwas säumen; hier: an etwas entlangreiten, -gehen. • **el pajonal** (Am.): Gestrüpp. • **tirar:** wegwerfen. • 7 **el carancho:** Geierfalke (in Amerika heimischer aasfressender Vogel). • 8 **el perjuicio:** Schaden. • 10 **el vínculo:** (Ver-)Bindung. • **sacrificar:** opfern.

Las ruinas circulares

And if he left off dreaming about you ...
Through the Looking-Glass, VI

Nadie lo vio desembarcar en la unánime noche, nadie vio la canoa de bambú sumiéndose en el fango sagrado, pero a los pocos días nadie ignoraba que el hombre taciturno venía del Sur y que su patria era una de las infinitas aldeas que están aguas arriba, en el flanco violento de la montaña, donde el idioma zend no está contaminado de griego y donde es infrecuente la lepra. Lo cierto es que el hombre gris besó el fango, re-

2 **And if he left off dreaming about you ...:** Zitat aus Lewis Carrolls *Through the Looking-Glass, and What Alice Found There* (1871), Kapitel IV[!]: »Und wenn er aufhörte, von dir zu träumen, wo, glaubst du, wärst du dann?« (Übers. Günther Flemming.) • 4 **desembarcar:** ankommen, landen. • **unánime:** einstimmig, einmütig; hier etwa: gleichgesinnt, im Einklang stehend. • 5 **la canoa de bámbu** (m.): Kanu aus Bambus. • **sumirse:** versinken, eintauchen. • **el fango:** Schlamm. • 6 **ignorar:** nicht kennen, nicht wissen. • 7 **taciturno/a:** wortkarg, schweigsam. • 8 **infinito/a:** unendlich, endlos. • **la aldea:** Dorf, Weiler. • **el flanco:** Flanke, Seite. • 9 **el idioma zend:** Borges bezieht sich hier auf die Sprache des Zarathustra, dessen Lehren im *Avesta* oder auch *Zendavesta*, dem religiösen Buch der Zoroastrier niedergeschrieben sind. Der Zoroastrismus bzw. Zarathustrismus ist eine Religion, die etwa 1800–600 v. Chr. im heutigen Afghanistan entstanden ist. Eine heilige Flamme, die in einem Feuertempel gehütet wird, ist Symbol der Gottheit. • 11 f. **repechar:** etwa: erklimmen, hochklettern (*el repecho:* Böschung, Steilhang).

pechó la ribera sin apartar (probablemente, sin sentir) las cortaderas que le dilaceraban las carnes y se arrastró, mareado y ensangrentado, hasta el recinto circular que corona un tigre o caballo de piedra, que tuvo alguna vez el color del fuego y ahora el de la ceniza. Ese redondel es un templo que devoraron los incendios antiguos, que la selva palúdica ha profanado y cuyo dios no recibe honor de los hombres. El forastero se tendió bajo el pedestal. Lo despertó el sol alto. Comprobó sin asombro que las heridas habían cicatrizado; cerró los ojos pálidos y durmió, no por flaqueza de la carne sino por determinación de la voluntad. Sabía que ese templo era el lugar que requería su invencible propósito; sabía que los árboles incesantes no habían logrado estrangular, río abajo, las ruinas de otro templo propicio, también de dioses incendiados y muertos; sabía que su inmediata obligación era el sue-

1 **la ribera:** Ufer. • **apartar:** entfernen, wegschieben, auseinanderdrücken. • 2 **la cortadera** (Am.): Riedgrasart mit scharfkantigen Blättern. • **dilacerar:** zerreißen; hier: zerschneiden. • 2f. **arrastrarse:** kriechen. • 3 **ensangrentado/a:** blutig, blutverschmiert. • **el recinto circular:** von einer ringförmigen Mauer umgebener Platz. • 4 **coronar:** vollenden, krönen. • 6 **el redondel:** Kreis. • **devorar:** verschlingen. • 7 **la selva:** (dichter) Wald, Urwald. • **palúdico/a:** sumpfig, Sumpf... • **profanar:** entweihen. • 8 **el forastero / la forastera:** der/die Fremde. • 9 **tenderse:** sich hinlegen. • **el pedestal:** Fuß, Sockel. • 10 **el asombro:** Staunen. • 10f. **cicatrizar:** vernarben, verheilen. • 11 **la flaqueza:** Schwäche. • 12 **la determinación:** Beschluss, Entschluss. • 13 **requerir:** erfordern. • 13f. **invencible:** unbesiegbar; hier: unübertrefflich. • 14 **el propósito:** Vorhaben, Plan. • **incesante:** ununterbrochen. • 15 **estrangular:** erwürgen, erhängen; hier (fig.): ersticken. • 16 **propicio/a:** gnädig, huldvoll. • **incendiado/a:** entzündet, in Brand geraten. • 17 **inmediato/a:** unverzüglich, sofortig.

ño. Hacia la medianoche lo despertó el grito inconsolable de un pájaro. Rastros de pies descalzos, unos higos y un cántaro le advirtieron que los hombres de la región habían espiado con respeto su sueño y solicitaban su amparo o temían su magia. Sintió el frío del miedo y buscó en la muralla dilapidada un nicho sepulcral y se tapó con hojas desconocidas.

El propósito que lo guiaba no era imposible, aunque sí sobrenatural. Quería soñar un hombre: quería soñarlo con integridad minuciosa e imponerlo a la realidad. Ese proyecto mágico había agotado el espacio entero de su alma; si alguien le hubiera preguntado su propio nombre o cualquier rasgo de su vida anterior, no habría acertado a responder. Le convenía el templo inhabitado y despedazado, porque era un mínimo de mundo visible; la cercanía de los leñadores también, porque éstos se encargaban de subvenir a sus necesidades frugales. El arroz y las frutas de su tri-

1f. **inconsolable:** untröstlich. • 2 **el rastro:** Spur. • 3 **el cántaro:** Krug. • **advertir a alg. que:** jdn. darauf hinweisen / darauf aufmerksam machen, dass. • 4 **espiar:** spionieren, ausspähen; hier etwa: überwachen. • 4f. **solicitar algo:** nach etwas verlangen, sich um etwas bemühen. • 5 **el amparo:** Schutz. • 6 **dilapidar:** verschwenden, vergeuden. • 6f. **el nicho sepulcral:** Grabnische. • 7 **taparse:** sich bedecken, zudecken. • 10 **la integridad:** Vollständigkeit (*íntegro/a:* vollständig). • **imponer:** auferlegen, aufbürden. • 11 **agotar:** ausschöpfen, aufbrauchen. • 11f. **el espacio:** Raum. • 13 **el rasgo:** (Wesens-)Zug; hier: Handlung, Tat. • 14 **acertar a responder:** richtig antworten können (*acertar:* [richtig] treffen, erraten). • **convenir a alg.:** jdm. passen, zusagen, entsprechen. • 15 **despedazar:** zerreißen, zerstückeln; hier: zerstören. • 16 **la cercanía:** Nähe, Nachbarschaft. • **el leñador:** Holzfäller. • 17 **encargarse de algo:** etwas übernehmen. • 17f. **subvenir a las necesidades de alg.:** jdn. unterstützen. • 18 **frugal:** genügsam. • 18f. **el tributo:** Beitrag, Tribut, Ehrerbietung.

buto eran pábulo suficiente para su cuerpo, consagrado a la única tarea de dormir y soñar.

Al principio, los sueños eran caóticos; poco después, fueron de naturaleza dialéctica. El forastero se soñaba en el centro de un anfiteatro circular que era de algún modo el templo incendiado: nubes de alumnos taciturnos fatigaban las gradas; las caras de los últimos pendían a muchos siglos de distancia y a una altura estelar, pero eran del todo precisas. El hombre les dictaba lecciones de anatomía, de cosmografía, de magia: los rostros escuchaban con ansiedad y procuraban responder con entendimiento, como si adivinaran la importancia de aquel examen que redimiría a uno de ellos de su condición de vana apariencia y lo interpolaría en el mundo real. El hombre, en el sueño y en la vigilia, consideraba las respuestas de sus fantasmas, no se dejaba embaucar por los impostores, adivinaba en ciertas perplejidades una inteligencia creciente. Buscaba un alma que mereciera participar en el universo.

A las nueve o diez noches comprendió con alguna

1 **el pábulo** (elev.): Nahrung. • 1 f. **consagrar:** widmen, opfern. • 7 **fatigar:** ermüden; hier: strapazieren, überfüllen. • **la grada:** Stufe. • 8 **pender:** hängen; hier: schweben. • 8 f. **a una altura estelar** (fig.): so hoch, so weit weg wie die Sterne (*estelar:* Stern[en]…). • 11 **el rostro:** Gesicht. • **la ansiedad:** Angst, Beklemmung. • 11 f. **procurar** (+ inf.): versuchen zu. • 12 **el entendimiento:** Verstand, Verständnis. • **adivinar:** erraten, erahnen. • 13 **redimir:** erlösen. • 14 **vano/a:** nichtig, wertlos; hohl. • **la apariencia:** Erscheinung. • 14 f. **interpolar:** einfügen. • 16 **la vigilia:** Nachtwache; hier: Wachzustand, Wachen. • **el fantasma:** Erscheinung, Gespenst, Geist. • 17 **embaucar:** betrügen. • **el impostor:** Betrüger, Schwindler. • 18 **la perplejidad:** Verwirrung, Bestürzung. • **creciente:** zunehmend.

amargura que nada podía esperar de aquellos alumnos que aceptaban con pasividad su doctrina y sí de aquellos que arriesgaban, a veces, una contradicción razonable. Los primeros, aunque dignos de amor y de bueno afecto, no podían ascender a individuos; los últimos preexistían un poco más. Una tarde (ahora también las tardes eran tributarias del sueño, ahora no velaba sino un par de horas en el amanecer) licenció para siempre el vasto colegio ilusorio y se quedó con un solo alumno. Era un muchacho taciturno, cetrino, díscolo a veces, de rasgos afilados que repetían los de su soñador. No lo desconcertó por mucho tiempo la brusca eliminación de los condiscípulos; su progreso, al cabo de unas pocas lecciones particulares, pudo maravillar al maestro. Sin embargo, la catástrofe sobrevino. El hombre, un día, emergió del sueño como de un desierto viscoso, miró la vana luz de la tarde que al pronto confundió con la aurora y comprendió que no ha-

1 **la amargura:** Verbitterung, Betrübnis. • 3 **arriesgar:** wagen, riskieren. • **la contradicción:** Widerspruch. • 5 **el afecto:** Zuneigung. • **ascender:** aufsteigen. • 6 **preexistir:** präexistieren (hier eine Art »Vorexistenz« vor einem Dasein als Individuum in der realen Welt). • 7 **tributario/a:** Steuer...: hier (fig.): gewidmet. • 7f. **velar:** wachen. • 8 **licenciar:** verabschieden, entlassen. • 9 **vasto/a:** weit, groß. • **ilusorio/a:** unwirklich, irreal, illusorisch. • 10 **cetrino/a:** schwermütig. • 10f. **díscolo/a:** unfolgsam, widerspenstig. • 11 **el rasgo:** hier: Gesichtszug. • **afilado/a:** spitz, schmal. • 12 **desconcertar:** durcheinanderbringen, verblüffen. • 12f. **brusco/a:** plötzlich, jäh. • 13 **el condiscípulo / la condiscípula:** Mitschüler(in). • 13f. **al cabo de:** nach (*el cabo:* Ende). • 14 **la lección particular:** Einzelunterricht (*particular:* eigen, individuell). • 14f. **maravillar:** in Bewunderung versetzen. • 15 **sobrevenir:** (plötzlich) auftreten, hereinbrechen. • 16 **emergir:** auftauchen; hier: erwachen. • 17 **viscoso/a:** (zäh)flüssig. • 18 **la aurora:** Morgenröte.

bía soñado. Toda esa noche y todo el día, la intolerable lucidez del insomnio se abatió contra él. Quiso explorar la selva, extenuarse; apenas alcanzó entre la cicuta unas rachas de sueño débil, veteadas fugazmente de visiones de tipo rudimental: inservibles. Quiso congregar el colegio y apenas hubo articulado unas breves palabras de exhortación, éste se deformó, se borró. En la casi perpetua vigilia, lágrimas de ira le quemaban los viejos ojos.

Comprendió que el empeño de modelar la materia incoherente y vertiginosa de que se componen los sueños es el más arduo que puede acometer un varón, aunque penetre todos los enigmas del orden superior y del inferior; mucho más arduo que tejer una cuerda de arena o que amonedar el viento sin cara. Comprendió que un fracaso inicial era inevitable. Juró olvidar la enorme alucinación que lo había desviado al

2 **la lucidez:** Klarheit, Hellsichtigkeit (*lúcido/a:* klar). • **el insomnio:** Schlaflosigkeit. • **abatirse:** sich stürzen, hereinbrechen. • 3 **explorar:** erforschen, erkunden. • **extenuarse:** sich erschöpfen. • **alcanzar:** erreichen; hier: bekommen. • 3f. **la cicuta:** Schierlingsgewächs. • 4 **la racha:** Windstoß; hier (fig.): Phase. • **veteado/a:** gemasert, marmoriert, durchzogen. • 4f. **fugazmente:** flüchtig. • 5 **inservible:** unbrauchbar. • 6 **congregar:** versammeln. • 7 **la exhortación:** eindringliche Bitte, Aufforderung. • **deformarse:** sich verformen, zerfließen. • 8 **perpetuo/a:** fortwährend, ewig. • **la ira:** Zorn. • 10 **el empeño:** Unternehmen, Vorhaben. • 11 **vertiginoso/a:** schwindelerregend. • 12 **arduo/a:** mühsam, beschwerlich. • **acometer:** in Angriff nehmen. • **el varón:** Mann. • 13 **penetrar algo:** etwas (geistig) durchdringen. • **el enigma:** Rätsel. • 14 **tejer:** flechten, weben, spinnen. • **la cuerda:** Strick. • 15 **amonedar:** prägen; hier: modellieren. • 16 **inicial:** anfänglich. • **inevitable:** unvermeidlich. • 17 **desviar:** umleiten, umlenken; hier (fig.): vom rechten Weg abbringen.

principio y buscó otro método de trabajo. Antes de ejercitarlo, dedicó un mes a la reposición de las fuerzas que había malgastado el delirio. Abandonó toda premeditación de soñar y casi acto continuo logró dormir un trecho razonable del día. Las raras veces que soñó durante ese período, no reparó en los sueños. Para reanudar la tarea, esperó que el disco de la luna fuera perfecto. Luego, en la tarde, se purificó en las aguas del río, adoró los dioses planetarios, pronunció las sílabas lícitas de un nombre poderoso y durmió. Casi inmediatamente, soñó con un corazón que latía.

Lo soñó activo, caluroso, secreto, del grandor de un puño cerrado, color granate en la penumbra de un cuerpo humano aun sin cara ni sexo; con minucioso amor lo soñó durante catorce lúcidas noches. Cada noche, lo percibía con mayor evidencia. No lo tocaba: se limitaba a atestiguarlo, a observarlo, tal vez a corregirlo con la mirada. Lo percibía, lo vivía, desde muchas distancias y muchos ángulos. La noche cator-

2 **ejercitar:** ausüben, anwenden. • **la reposición:** Erholung, Wiederbelebung. • 3 **malgastar:** verschwenden, vergeuden. • 4 **la premeditación:** Vorsatz. • **acto continuo:** unverzüglich. • **logró** (+ inf.): es gelang ihm zu (*lograr algo:* etwas erreichen, schaffen). • 5 **el trecho:** Stück, Teil. • 6 **reparar en algo:** etwas wahrnehmen, auf etwas achten. • 7 **reanudar algo:** etwas wieder aufnehmen, an etwas wieder anknüpfen. • **el disco:** hier: Scheibe. • 8 **purificarse:** sich läutern, sich reinigen. • 9 **adorar:** anbeten, verehren. • 10 **lícito/a:** zulässig; hier: angemessen. • **poderoso/a:** mächtig. • 12 **latir:** klopfen, schlagen (Herz). • 13 **caluroso/a:** heiß; hier (fig.): lebhaft. • 14 **la penumbra:** Halbdunkel, Halbschatten. • 17 **la evidencia:** Offensichtlichkeit, Augenscheinlichkeit. • 18 **atestiguar:** bezeugen, attestieren, bekunden. • 20 **el ángulo:** Winkel.

cena rozó la arteria pulmonar con el índice y luego todo el corazón, desde afuera y adentro. El examen lo satisfizo. Deliberadamente no soñó durante una noche: luego retomó el corazón, invocó el nombre de un planeta y emprendió la visión de otro de los órganos principales. Antes de un año llegó al esqueleto, a los párpados. El pelo innumerable fue tal vez la tarea más difícil. Soñó un hombre íntegro, un mancebo, pero éste no se incorporaba ni hablaba ni podía abrir los ojos. Noche tras noche, el hombre lo soñaba dormido.

En las cosmogonías gnósticas, los demiurgos amasan un rojo Adán que no logra ponerse de pie; tan inhábil y rudo y elemental como ese Adán de polvo era el Adán de sueño que las noches del mago habían fabricado. Una tarde, el hombre casi destruyó toda su obra, pero se arrepintió. (Más le hubiera valido des-

1 **rozar:** streifen, leicht berühren. • **la arteria pulmonar:** Lungenarterie. • **el índice:** Zeigefinger. • 3 **deliberadamente:** absichtlich. • 4 **retomar:** wieder aufnehmen. • **invocar:** anrufen. • 5 **emprender:** in Angriff nehmen, beginnen. • 7 **el párpado:** Augenlid. • **innumerable:** zahllos, unzählig. • 8 **el mancebo:** junger Mann. • 9 **incorporarse:** sich aufrichten. • 12 **la cosmogonía:** Kosmogonie; Wissenschaft, die sich mit der Entstehung und Struktur des Universums beschäftigt. • **gnóstico/a:** gnostisch, zur Gnosis/Gnostik gehörend; dieser Begriff bezeichnet verschiedene religiöse Strömungen des frühen Christentums, in den gnostischen Lehren wird das Heil des Menschen in Abhängigkeit zu der Erkenntnis der Geheimnisse der Welt und Gottes gesetzt. • **el demiurgo:** Demiurg, Weltenschöpfer. • 12f. **amasar:** kneten, formen, modellieren. • 13f. **inhábil:** ungeschickt. • 14 **rudo/a:** roh, grob. • 15 **el mago:** Magier, Zauberer. • 17 **arrepentirse (de algo):** (über etwas) Reue empfinden; etwas widerrufen. • **más le hubiera valido:** es wäre für ihn besser gewesen (*más vale hacer algo:* besser …).

truirla.) Agotados los votos a los númenes de la tierra y del río, se arrojó a los pies de la efigie que tal vez era un tigre y tal vez un potro, e imploró su desconocido socorro. Ese crepúsculo, soñó con la estatua. La soñó viva, trémula; no era un atroz bastardo de tigre y potro, sino a la vez esas dos criaturas vehementes y también un toro, una rosa, una tempestad. Ese múltiple dios le reveló que su nombre terrenal era Fuego, que en ese templo circular (y en otros iguales) le habían rendido sacrificios y culto y que mágicamente animaría al fantasma soñado, de suerte que todas las criaturas, excepto el Fuego mismo y el soñador, lo pensaran un hombre de carne y hueso. Le ordenó que una vez instruido en los ritos, lo enviaría al otro templo despedazado cuyas pirámides persisten aguas abajo, para que alguna voz lo glorificara en aquel edificio desierto. En el sueño del hombre que soñaba, el soñado se despertó.

El mago ejecutó esas órdenes. Consagró un plazo (que finalmente abarcó dos años) a descubrirle los arcanos del universo y del culto al fuego. Intimamente, le dolía apartarse de él. Con el pretexto de la necesi-

1 **el numen:** Gottheit. • 2 **arrojarse:** sich werfen, sich stürzen. • **la efigie:** Bildnis, Abbild. • 3 **el potro:** Fohlen. • **implorar socorro:** um Hilfe/Rettung flehen. • 4 **el crepúsculo:** Dämmerung. • 5 **trémulo/a:** zitternd, bebend. • **atroz:** grauenhaft, grässlich. • 7 **la tempestad:** Gewitter, Sturm. • 8 **revelar:** enthüllen, offenbaren. • 10 **rendir sacrificios:** Opfer bringen (*rendir:* übergeben; leisten). • 14 **instruir:** unterrichten, ausbilden. • 15 **persistir:** andauern, Bestand haben, fortbestehen. • 19 **ejecutar:** ausführen. • **el plazo:** Frist, Laufzeit. • 20 **abarcar:** umfassen. • 20f. **el arcano:** Geheimnis. • 22 **apartarse de:** sich trennen, entfernen von. • **el pretexto:** Vorwand.

dad pedagógica, dilataba cada día las horas dedicadas al sueño. También rehizo el hombro derecho, acaso deficiente. A veces, lo inquietaba una impresión de que ya todo eso había acontecido … En general, sus días eran felices; al cerrar los ojos pensaba: *Ahora estaré con mi hijo*. O, más raramente: *El hijo que he engendrado me espera y no existirá si no voy*.

Gradualmente, lo fue acostumbrando a la realidad. Una vez le ordenó que embanderara una cumbre lejana. Al otro día, flameaba la bandera en la cumbre. Ensayó otros experimentos análogos, cada vez más audaces. Comprendió con cierta amargura que su hijo estaba listo para nacer – y tal vez impaciente. Esa noche lo besó por primera vez y lo envió al otro templo cuyos despojos blanqueaban río abajo, a muchas leguas de inextricable selva y de ciénaga. Antes (para que no supiera nunca que era un fantasma, para que se creyera un hombre como los otros) le infundió el olvido total de sus años de aprendizaje.

Su victoria y su paz quedaron empañadas de hastío.

1 **dilatar:** erweitern, ausdehnen. • 2 **rehacer:** noch einmal machen, wiederherstellen. • **acaso** (adv.): vielleicht, möglicherweise. • 3 **deficiente:** unzulänglich, mangelhaft. • **inquietar:** beunruhigen. • 6f. **engendrar:** (er)zeugen, erschaffen. • 8 **gradualmente:** stufenweise, allmählich. • 9 **embanderar:** beflaggen, mit Fahnen schmücken (*la bandera:* Flagge, Fahne). • 9f. **la cumbre:** Gipfel. • 10 **flamear:** lodern; hier: flattern. • 11 **ensayar:** (aus)probieren, versuchen. • 12 **audaz:** kühn, verwegen. • 13f. **impaciente:** ungeduldig. • 15 **los despojos:** Überreste. • **blanquear:** verbleichen, verblassen. • 16 **la legua:** spanische Meile (etwa 5,6 km). • **inextricable:** undurchdringlich. • 16f. **la ciénaga:** Morast. • 19 **infundir:** einflößen, geben. • 20 **el aprendizaje:** Lehre. • 21 **empañar:** trüben, beflecken. • **el hastío:** Langeweile, Überdruss.

En los crepúsculos de la tarde y del alba, se prosternaba ante la figura de piedra, tal vez imaginando que su hijo irreal ejecutaba idénticos ritos, en otras ruinas circulares, aguas abajo; de noche no soñaba, o soñaba como lo hacen todos los hombres. Percibía con cierta palidez los sonidos y formas del universo: el hijo ausente se nutría de esas disminuciones de su alma. El propósito de su vida estaba colmado; el hombre persistió en una suerte de éxtasis. Al cabo de un tiempo que ciertos narradores de su historia prefieren computar en años y otros en lustros, lo despertaron dos remeros a medianoche: no pudo ver sus caras, pero le hablaron de un hombre mágico en un templo del Norte, capaz de hollar el fuego y de no quemarse. El mago recordó bruscamente las palabras del dios. Recordó que de todas las criaturas que componen el orbe, el fuego era la única que sabía que su hijo era un fantasma. Ese recuerdo, apaciguador al principio, acabó por atormentarlo. Temió que su hijo meditara en ese privilegio anormal y descubriera de algún modo su condición de mero simulacro. No ser un hom-

1 **el alba** (f.): Morgendämmerung. • 1f. **prosternarse:** sich niederwerfen, zu Boden werfen. • 6 **la palidez:** Blässe. • 6f. **ausente:** abwesend. • 7 **nutrirse de algo:** sich von etwas ernähren, von etwas leben. • **la disminución:** Verminderung, Nachlassen. • 8 **el propósito:** hier: Ziel, Zweck. • **colmar:** erfüllen. • 9 **la suerte:** Glück, Schicksal; hier: Situation, Zustand. • 10f. **computar:** berechnen, überschlagen. • 11 **el lustro:** Jahrfünft (Zeitraum von fünf Jahren). • 12 **el remero:** Ruderer. • 14 **hollar el fuego:** durch Feuer gehen (*hollar:* betreten). • 16 **componer:** zusammensetzen, bilden. • 16f. **el orbe:** Kreis; Erdkugel. • 18 **apaciguador, -ora:** beschwichtigend, besänftigend. • 19 **atormentar:** quälen. • 21 **mero/a:** rein, einfach, bloß. • **el simulacro:** Trugbild.

bre, ser la proyección del sueño de otro hombre ¡qué humillación incomparable, qué vértigo! A todo padre le interesan los hijos que ha procreado (que ha permitido) en una mera confusión o felicidad; es natural que el mago temiera por el porvenir de aquel hijo, pensado entraña por entraña y rasgo por rasgo, en mil y una noches secretas.

El término de sus cavilaciones fue brusco, pero lo prometieron algunos signos. Primero (al cabo de una larga sequía) una remota nube en un cerro, liviana como un pájaro; luego, hacia el Sur, el cielo que tenía el color rosado de la encía de los leopardos; luego las humaredas que herrumbraron el metal de las noches; después la fuga pánica de las bestias. Porque se repitió lo acontecido hace muchos siglos. Las ruinas del santuario del dios del fuego fueron destruidas por el fuego. En un alba sin pájaros el mago vio cernirse contra los muros el incendio concéntrico. Por un instante, pensó refugiarse en las aguas, pero luego comprendió que la muerte venía a coronar su vejez y a absolverlo de sus trabajos. Caminó contra los jirones de fuego. Estos no mordieron su carne, éstos lo acariciaron y lo

2 **la humillación:** Demütigung. • **el vértigo:** Schwindel, Ohnmacht. • 3 **procrear:** zeugen. • 5 **el porvenir:** Zukunft. • 6 **la entraña:** Eingeweide (meistens Plural). • 8 **la cavilación:** Grübelei. • 10 **la sequía:** Dürre. • **remoto/a:** fern. • **el cerro:** Anhöhe, Hügel. • **liviano, a** (Am.): leicht. • 12 **la encía:** Zahnfleisch. • 12 f. **la humareda:** Rauchwolke. • 13 **herrumbrar:** rosten lassen. • 14 **la fuga:** Flucht. • 15 f. **el santuario:** Heiligtum. • 17 **cernirse:** etwa: sich bedrohlich nähern. • 19 **refugiarse:** Zuflucht suchen, sich in Sicherheit bringen. • 20 **absolver:** freisprechen, lossprechen. • 21 **el jirón:** Fetzen; hier: züngelnde Flamme.

inundaron sin calor y sin combustión. Con alivio, con humillación, con terror, comprendió que él también era una apariencia, que otro estaba soñándolo.

Ficciones, 1944

1 **inundar:** überfluten; hier: umgeben. • **la combustión:** Verbrennung. • **el alivio:** Erleichterung.

La biblioteca de Babel

By this art you may contemplate the variation of the 23 letters ...

The Anatomy of Melancholy, part. 2, sect. II, men. IV

El universo (que otros llaman la Biblioteca) se compone de un número indefinido, y tal vez infinito, de galerías hexagonales, con vastos pozos de ventilación en el medio, cercados por barandas bajísimas. Desde cualquier hexágono, se ven los pisos inferiores y superiores: interminablemente. La distribución de las galerías es invariable. Veinte anaqueles, a cinco largos anaqueles por lado, cubren todos los lados menos dos; su altura, que es la de los pisos, excede apenas la de un bibliotecario normal. Una de las caras libres da a un angosto zaguán, que desemboca en otra

2f. **«By this art ... the 23 letters ...»:** Zitat aus Robert Burtons (englischer Schriftsteller, 1577–1640) Abhandlung *The Anatomy of Melancholy.* • 6f. **componerse de:** sich zusammensetzen, bestehen aus. • 7 **indefinido/a:** unbestimmt. • **infinito/a:** unendlich, endlos. • 8 **la galería:** Galerie, Gang, Korridor. • **hexagonal:** sechseckig (*el hexágono:* Sechseck). • **vasto/a:** weit, groß. • **el pozo:** hier: Schacht. • 9 **cercar:** umgeben, umschließen. • **la baranda:** Geländer. • 11 **interminablemente:** unendlich. • 12 **el anaquel:** Regal(brett). • 14 **exceder:** übertreffen, überragen. • 15 **la cara:** hier: Seite. • 16 **dar a algo:** zu etwas hinausgehen, in Richtung von etwas liegen. • **el zaguán:** Vorhalle; hier: Flur, Gang. • **desembocar:** münden.

galería, idéntica a la primera y a todas. A izquierda y a derecha del zaguán hay dos gabinetes minúsculos. Uno permite dormir de pie; otro, satisfacer las necesidades finales. Por ahí pasa la escalera espiral, que se abisma y se eleva hacia lo remoto. En el zaguán hay un espejo, que fielmente duplica las apariencias. Los hombres suelen inferir de ese espejo que la Biblioteca no es infinita (si lo fuera realmente ¿a qué esa duplicación ilusoria?); yo prefiero soñar que las superficies bruñidas figuran y prometen el infinito ... La luz procede de unas frutas esféricas que llevan el nombre de lámparas. Hay dos en cada hexágono; transversales. La luz que emiten es insuficiente, incesante.

Como todos los hombres de la Biblioteca, he viajado en mi juventud; he peregrinado en busca de un libro, acaso del catálogo de catálogos; ahora que mis ojos casi no pueden descifrar lo que escribo, me pre-

2 **el gabinete:** hier: Zimmer, (Neben-)Raum. • **minúsculo/a:** sehr klein, winzig. • 3f. **las necesidades finales:** Notdurft. • 4 **la escalera espiral:** Wendeltreppe. • 5 **abismarse:** sich in einen Abgrund stürzen, hinabstürzen. • **elevarse:** sich erheben, aufsteigen. • **remoto/a:** fern. • 6 **fielmente:** (ge)treu. • **duplicar:** verdoppeln (*la duplicación:* Verdoppelung). • **la apariencia:** Aussehen, äußere Erscheinung. • 7 **soler hacer algo:** etwas zu tun pflegen. • **inferir:** schließen, folgern. • 9 **ilusorio/a:** trügerisch, illusorisch. • 10 **bruñido/a:** poliert. • **figurar algo:** etwas darstellen. • 11 **proceder de algo:** von etwas stammen, (her)kommen. • **esférico/a:** kugelförmig, sphärisch (*la esfera:* Sphäre). • 13 **transversal:** seitlich, quer; hier etwa: in einer transversalen Linie angebracht. • **emitir:** ausstrahlen, abgeben. • 13f. **incesante:** unaufhörlich, immerwährend. • 16 **peregrinar:** wandern, pilgern (*el peregrino / la peregrina:* Pilger[in]). • 17 **acaso** (adv.): vielleicht, möglicherweise. • 18 **descifrar:** entziffern, entschlüsseln.

paro a morir a unas pocas leguas del hexágono en que nací. Muerto, no faltarán manos piadosas que me tiren por la baranda; mi sepultura será el aire insondable; mi cuerpo se hundirá largamente y se corromperá y disolverá en el viento engendrado por la caída, que es infinita. Yo afirmo que la Biblioteca es interminable. Los idealistas arguyen que las salas hexagonales son una forma necesaria del espacio absoluto o, por lo menos, de nuestra intuición del espacio. Razonan que es inconcebible una sala triangular o pentagonal. (Los místicos pretenden que el éxtasis les revela una cámara circular con un gran libro circular de lomo continuo, que da toda vuelta de las paredes; pero su testimonio es sospechoso; sus palabras, oscuras. Ese libro cíclico es Dios.) Básteme, por ahora, repetir el dictamen clásico: *La Biblioteca es una esfera cuyo centro cabal es cualquier hexágono, cuya circunferencia es inaccesible.*

1 **la legua:** spanische Meile (etwa 5,6 km). • 2 **piadoso/a:** barmherzig, fromm (*la piedad:* Barmherzigkeit, Frömmigkeit). • 3 **la sepultura:** Grab. • 3f. **insondable:** unergründlich. • 4 **hundirse:** versinken. • **corromperse:** verwesen, sich zersetzen. • 5 **disolverse:** sich auflösen. • **engendrar:** (er)zeugen, erschaffen. • 7 **argüir:** schließen, folgern. • 8 **el espacio:** Raum; hier: Weltraum. • 9 **la intuición:** hier etwa: Vorstellung, Begriff. • **razonar:** argumentieren; logisch denken. • 10 **inconcebible:** unvorstellbar, undenkbar. • 11 **el místico:** Mystiker. • **pretender:** hier: behaupten. • **revelar:** enthüllen, offenbaren. • 11f. **la cámara:** Kammer. • 12 **el lomo:** Rücken; hier: Buchrücken. • 13f. **el testimonio:** Bezeugung, (Zeugen-)Aussage. • 15 **cíclico/a:** zyklisch, kreisläufig. • 15f. **el dictamen:** Stellungnahme, Meinung. • 17 **cabal:** genau, exakt. • **la circunferencia:** Umfang, Kreis. • 17f. **inaccesible:** unerreichbar, unzugänglich.

A cada uno de los muros de cada hexágono corresponden cinco anaqueles; cada anaquel encierra treinta y dos libros de formato uniforme; cada libro es de cuatrocientas diez páginas; cada página, de cuarenta renglones; cada renglón, de unas ochenta letras de color negro. También hay letras en el dorso de cada libro; esas letras no indican o prefiguran lo que dirán las páginas. Sé que esa inconexión, alguna vez, pareció misteriosa. Antes de resumir la solución (cuyo desplazamiento, a pesar de sus trágicas proyecciones, es quizá el hecho capital de la historia) quiero rememorar algunos axiomas.

El primero: La Biblioteca existe *ab aeterno*. De esa verdad cuyo corolario inmediato es la eternidad futura del mundo, ninguna mente razonable puede dudar. El hombre, el imperfecto bibliotecario, puede ser obra del azar o de los demiurgos malévolos; el universo, con su elegante dotación de anaqueles, de tomos enigmáticos, de infatigables escaleras para el viajero y de letrinas para el bibliotecario sentado, sólo puede

2 **encerrar:** enthalten, umfassen. • 4f. **el renglón:** Zeile. • 6 **el dorso:** Rücken, Rückseite; hier: Buchrücken. • 7 **prefigurar algo:** eine erste Vorstellung von etwas geben. • 8 **la inconexión:** Zusammenhanglosigkeit. • 9f. **el desplazamiento:** Verschiebung, Verrückung. • 11 **rememorar algo:** sich an etwas erinnern, sich etwas in Erinnerung rufen. • 12 **el axioma:** Axiom (unmittelbar einleuchtender Grundsatz; Begriff aus der Logik). • 13 **ab aeterno** (lat.): seit Anbeginn der Zeit. • 14 **el corolario:** Korollar (einfache Schlussfolgerung; Begriff aus der Logik). • **la eternidad:** Ewigkeit. • 17 **el azar:** Zufall. • **el demiurgo:** Demiurg, Weltenschöpfer. • **malévolo/a:** übel gesinnt, böswillig. • 18 **la dotación:** Ausstattung. • **el tomo:** Band (Buch). • 19 **enigmático/a:** rätselhaft, geheimnisvoll. • **infatigable:** unermüdlich. • 20 **la letrina:** Latrine.

ser obra de un dios. Para percibir la distancia que hay entre lo divino y lo humano, basta comparar estos rudos símbolos trémulos que mi falible mano garabatea en la tapa de un libro, con las letras orgánicas del interior: puntuales, delicadas, negrísimas, inimitablemente simétricas.

El segundo: *El número de símbolos ortográficos es veinticinco.** Esa comprobación permitió, hace trescientos años, formular una teoría general de la Biblioteca y resolver satisfactoriamente el problema que ninguna conjetura había descifrado: la naturaleza informe y caótica de casi todos los libros. Uno, que mi padre vio en un hexágono del circuito quince noventa y cuatro, constaba de las letras M C V perversamente repetidas desde el renglón primero hasta el último. Otro (muy consultado en esta zona) es un mero laberinto de letras, pero la página penúltima dice *Oh tiem-*

* El manuscrito original no contiene guarismos o mayúsculas. La puntuación ha sido limitada a la coma y al punto. Esos dos signos, el espacio y las veintidós letras del alfabeto son los veinticinco símbolos suficientes que enumera el desconocido. *(Nota del editor.)*

2 **divino/a:** göttlich. • 2 f. **rudo/a:** grob, ungeschickt. • 3 **trémulo/a:** zitternd, bebend. • **falible:** fehlbar. • **garabatear:** (hin)kritzeln. • 4 **orgánico/a:** hier: einheitlich. • 5 f. **inimitablemente:** unnachahmlich. • 8 **la comprobación:** Feststellung. • 11 **la conjetura:** Mutmaßung, Vermutung. • 11 f. **informe:** formlos, unbestimmt. • 13 **el circuito:** Rundgang, Umkreis. • 14 **constar de:** bestehen aus. • 16 **mero:** rein, bloß. • 17 **penúltimo/a:** vorletzte(r, s). • 18 **el guarismo:** *la letra de guarismo:* Kursivschrift. • **la mayúscula:** Großbuchstabe. • 19 **la puntuación:** Zeichensetzung. • 21 **suficiente:** genügend, ausreichend. • **enumerar:** aufzählen, nennen.

po tus pirámides. Ya se sabe: por una línea razonable o una recta noticia hay leguas de insensatas cacofonías, de fárragos verbales y de incoherencias. (Yo sé de una región cerril cuyos bibliotecarios repudian la supersticiosa y vana costumbre de buscar sentido en los libros y la equiparan a la de buscarlo en los sueños o en las líneas caóticas de la mano … Admiten que los inventores de la escritura imitaron los veinticinco símbolos naturales, pero sostienen que esa aplicación es casual y que los libros nada significan en sí. Ese dictamen, ya veremos, no es del todo falaz.)

Durante mucho tiempo se creyó que esos libros impenetrables correspondían a lenguas pretéritas o remotas. Es verdad que los hombres más antiguos, los primeros bibliotecarios, usaban un lenguaje asaz diferente del que hablamos ahora; es verdad que unas millas a la derecha la lengua es dialectal y que noventa pisos más arriba, es incomprensible. Todo eso, lo repito, es verdad, pero cuatrocientas diez páginas de inalterables M C V no pueden corresponder a ningún idioma, por dialectal o rudimentario que sea. Algunos

2 **recto/a:** rechtschaffen; hier: richtig. • **insensato/a:** unvernünftig. • 2f. **la cacofonía:** Kakophonie, Missklang (unangenehm klingende Laut- oder Wortfolge). • 3 **el fárrago:** Durcheinander, Wirrwarr. • **la incoherencia:** Zusammenhanglosigkeit. • 4 **cerril:** wild, rau. • **repudiar:** ablehnen. • 5 **supersticioso/a:** abergläubisch (*la superstición:* Aberglaube). • **vano/a:** nichtig, wertlos, vergeblich (*en vano:* vergebens, umsonst). • 6 **equiparar:** gleichstellen, vergleichen. • 7 **admitir:** zugeben. • 9 **sostener:** behaupten, vertreten, verfechten. • 11 **falaz:** trügerisch. • 12f. **impenetrable:** undurchdringlich; hier (fig.): unergründlich. • 13 **pretérito/a:** vergangen, aus früheren Zeiten. • 15 **asaz** (elev.): sehr, äußerst. • 16f. **la milla:** Meile. • 19f. **inalterable:** unveränderlich, (immer) gleichbleibend.

insinuaron que cada letra podía influir en la subsiguiente y que el valor de M C V en la tercera línea de la página 71 no era el que puede tener la misma serie en otra posición de otra página, pero esa vaga tesis no prosperó. Otros pensaron en criptografías; universalmente esa conjetura ha sido aceptada, aunque no en el sentido en que la formularon sus inventores.

Hace quinientos años, el jefe de un hexágono superior* dio con un libro tan confuso como los otros pero que tenía casi dos hojas de líneas homogéneas. Mostró su hallazgo a un descifrador ambulante, que le dijo que estaban redactadas en portugués; otros le dijeron que en yiddish. Antes de un siglo pudo establecerse el idioma: un dialecto samoyedo-lituano del

* Antes, por cada tres hexágonos había un hombre. El suicidio y las enfermedades pulmonares han destruido esa proporción. Memoria de indecible melancolía: a veces he viajado muchas noches por corredores y escaleras pulidas sin hallar un solo bibliotecario.

1 **insinuar:** andeuten, zu verstehen geben. • 1f. **subsiguiente:** nachfolgend. • 5 **prosperar:** gedeihen, Erfolg haben. • **la criptografía:** Geheimschrift. • 9 **dar con algo:** auf etwas stoßen. • 11 **ambulante:** umherziehend. • 12 **redactar:** verfassen. • 13 **Yiddish:** Jiddisch. • 13f. **establecerse:** hier: bestimmt, festgelegt werden. • 14f. **un dialecto samoyedo-lituano del guaraní:** etwa: ein samojedisch-litauischer Dialekt des Guaraní (die samojedischen Sprachen gehören zu den uralischen Sprachen und werden von nur etwa 30000 Menschen in Osteuropa und Sibirien gesprochen; Guaraní ist eine indigene Sprache Südamerikas, die noch heute in Paraguay und den Grenzgebieten Argentiniens, Brasiliens und Boliviens gesprochen wird). • 16 **la enfermedad pulmonar:** Lungenkrankheit. • 17 **indecible:** unsagbar. • 18 **pulido/a:** poliert. • **hallar:** antreffen, (vor)finden (*el hallazgo:* Entdeckung).

guaraní, con inflexiones de árabe clásico. También se descifró el contenido: nociones de análisis combinatorio, ilustradas por ejemplos de variaciones con repetición ilimitada. Esos ejemplos permitieron que un bibliotecario de genio descubriera la ley fundamental de la Biblioteca. Este pensador observó que todos los libros, por diversos que sean, constan de elementos iguales: el espacio, el punto, la coma, las veintidós letras del alfabeto. También alegó un hecho que todos los viajeros han confirmado: *No hay, en la vasta Biblioteca, dos libros idénticos*. De esas premisas incontrovertibles dedujo que la Biblioteca es total y que sus anaqueles registran todas las posibles combinaciones de los veintitantos símbolos ortográficos (número, aunque vastísimo, no infinito) o sea, todo lo que es dable expresar: en todos los idiomas. Todo: la historia minuciosa del porvenir, las autobiografías de los arcángeles, el catálogo fiel de la Biblioteca, miles y miles de catálogos falsos, la demostración de la falacia de esos catálogos, la demostración de la falacia del catálogo verdadero, el evangelio gnóstico de Basílides, el comentario de ese evangelio, el comentario

1 **la inflexión:** Modulation, Betonung. • 2 **las nociones:** Grundkenntnisse, Grundwissen. • 4 **ilimitado/a:** unbegrenzt, unbeschränkt. • 5 **de genio:** genial (*el genio:* Genie). • 7 **diverso/a:** unterschiedlich. • 9 **alegar:** vorbringen, geltend machen. • 11 **la premisa:** Prämisse, Voraussetzung. • 11 f. **incontrovertible:** unumstößlich, unbestreitbar. • 12 **deducir:** folgern. • 16 **dable:** möglich. • 17 **el porvenir:** Zukunft. • 18 **el arcángel:** Erzengel. • 19 f. **la falacia:** Trug, Täuschung. • 21 f. **el evangelio gnóstico de Basílides:** das gnostische Evangelium des Basilides; Basilides lehrte um 130 n. Chr. in Alexandria und war Gründer einer gnostischen Gemeinschaft (vgl. S. 21).

del comentario de ese evangelio, la relación verídica de tu muerte, la versión de cada libro a todas las lenguas, las interpolaciones de cada libro en todos los libros, el tratado que Beda pudo escribir (y no escribió) sobre la mitología de los sajones, los libros perdidos de Tácito.

Cuando se proclamó que la Biblioteca abarcaba todos los libros, la primera impresión fue de extravagante felicidad. Todos los hombres se sintieron señores de un tesoro intacto y secreto. No había problema personal o mundial cuya elocuente solución no existiera: en algún hexágono. El universo estaba justificado, el universo bruscamente usurpó las dimensiones ilimitadas de la esperanza. En aquel tiempo se habló mucho de las Vindicaciones: libros de apología y de profecía, que para siempre vindicaban los actos de cada hombre del universo y guardaban arcanos prodigiosos para su porvenir. Miles de codiciosos abandonaron el dulce hexágono natal y se lanzaron escaleras arriba,

1 **la relación:** hier: Schilderung, Bericht. • **verídico/a:** wahr(heitsgetreu). • 3 **la interpolación:** Interpolation, Einfügung (*interpolar:* einfügen). • 4 **el tratado:** Abhandlung. • **Beda:** Beda der Ehrwürdige (um 673–735 n. Chr.), angelsächsischer Benediktinermönch, Theologe und Geschichtsschreiber. • 5 **el sajón / la sajona:** Sachse/Sächsin. • 6 **Tácito:** Tacitus (um 58–116 n. Chr.), bedeutender römischer Geschichtsschreiber. • 7 **abarcar:** umfassen. • 11 **elocuente:** beredt, vielsagend. • 13 **bruscamente:** hier: barsch, brüsk. • **usurpar:** usurpieren; hier: sich anmaßen. • 15 **la vindicación:** Rechtfertigung (*vindicar:* verteidigen, rechtfertigen). • **la apología:** Verteidigung, Rechtfertigung. • **la profecía:** Prophezeiung, Weissagung. • 17 **el arcano:** Geheimnis. • **prodigioso/a:** wunderbar. • 18 **el codicioso / la codiciosa:** habgieriger Mensch. • 19 **natal:** Geburts…; hier: heimatlich.

urgidos por el vano propósito de encontrar su Vindicación. Esos peregrinos disputaban en los corredores estrechos, proferían oscuras maldiciones, se estrangulaban en las escaleras divinas, arrojaban los libros engañosos al fondo de los túneles, morían despeñados por los hombres de regiones remotas. Otros se enloquecieron ... Las Vindicaciones existen (yo he visto dos que se refieren a personas del porvenir, a personas acaso no imaginarias) pero los buscadores no recordaban que la posibilidad de que un hombre encuentre la suya, o alguna pérfida variación de la suya, es computable en cero.

También se esperó entonces la aclaración de los misterios básicos de la humanidad: el origen de la Biblioteca y del tiempo. Es verosímil que esos graves misterios puedan explicarse en palabras: si no basta el lenguaje de los filósofos, la multiforme Biblioteca habrá producido el idioma inaudito que se requiere y los vocabularios y gramáticas de ese idioma. Hace ya cuatro siglos que los hombres fatigan los hexágonos ... Hay buscadores oficiales, *inquisidores*. Yo los he visto en el desempeño de su función: llegan siempre rendi-

1 **urgir:** antreiben, drängen. • 2 **disputar:** streiten. • 3 **proferir:** äußern, ausstoßen. • **la maldición:** Fluch, Verwünschung. • 3 f. **estrangularse:** sich erhängen, strangulieren. • 4 **arrojar:** werfen. • 4 f. **engañoso/a:** trügerisch. • 5 **despeñar:** (herab)stürzen. • 6 f. **enloquecerse:** verrückt werden. • 11 **pérfido/a:** hier: dürftig. • 12 **computable:** berechenbar. • 15 **verosímil:** glaubwürdig, wahrscheinlich. • 18 **inaudito/a:** noch nie da gewesen, noch nie gehört. • **requerir:** erfordern. • 20 **fatigar:** ermüden; hier: strapazieren, belästigen. • 22 **el desempeño:** Ausübung. • 22 f. **rendido/a:** besiegt, bezwungen; hier: erschöpft.

dos; hablan de una escalera sin peldaños que casi los mató; hablan de galerías y de escaleras con el bibliotecario; alguna vez, toman el libro más cercano y lo hojean, en busca de palabras infames. Visiblemente, nadie espera descubrir nada.

A la desaforada esperanza, sucedió, como es natural, una depresión excesiva. La certidumbre de que algún anaquel en algún hexágono encerraba libros preciosos y de que esos libros preciosos eran inaccesibles, pareció casi intolerable. Una secta blasfema sugirió que cesaran las buscas y que todos los hombres barajaran letras y símbolos, hasta construir, mediante un improbable don del azar, esos libros canónicos. Las autoridades se vieron obligadas a promulgar órdenes severas. La secta desapareció, pero en mi niñez he visto hombres viejos que largamente se ocultaban en las letrinas, con unos discos de metal en un cubilete prohibido, y débilmente remedaban el divino desorden.

Otros, inversamente, creyeron que lo primordial era eliminar las obras inútiles. Invadían los hexágo-

1 **el peldaño:** Stufe. • 3f. **hojear:** (durch)blättern, überfliegen. • 6 **desaforado/a:** maßlos. • 7 **la certidumbre:** Gewissheit. • 10 **blasfemo/a:** gotteslästerlich, blasphemisch. • 10f. **sugerir:** vorschlagen, anregen. • 11 **cesar:** enden, aufhören. • 12 **barajar:** durcheinanderbringen, mischen. • **mediante:** mittels. • 13 **el don:** Gabe. • **canónico/a:** kanonisch (den Richtlinien einer als verbindlich geltenden Lehre entsprechend). • 14 **promulgar:** verkünden, erlassen. • 15 **la niñez:** Kindheit. • 17 **el disco:** hier: Scheibe. • 17f. **el cubilete:** Würfelbecher. • 18 **remedar:** nachahmen. • 20 **inversamente:** umgekehrt; hier: hingegen. • **primordial:** wesentlich, vorrangig. • 21 **invadir algo:** etwas überfallen, in etwas einfallen.

nos, exhibían credenciales no siempre falsas, hojeaban con fastidio un volumen y condenaban anaqueles enteros: a su furor higiénico, ascético, se debe la insensata perdición de millones de libros. Su nombre es execrado, pero quienes deploran los «tesoros» que su frenesí destruyó, negligen dos hechos notorios. Uno: la Biblioteca es tan enorme que toda reducción de origen humano resulta infinitesimal. Otro: cada ejemplar es único, irreemplazable, pero (como la Biblioteca es total) hay siempre varios centenares de miles de facsímiles imperfectos: de obras que no difieren sino por una letra o por una coma. Contra la opinión general, me atrevo a suponer que las consecuencias de las depredaciones cometidas por los Purificadores, han sido exageradas por el horror que esos fanáticos provocaron. Los urgía el delirio de conquistar los libros del Hexágono Carmesí: libros de formato menor que los naturales; omnipotentes, ilustrados y mágicos.

También sabemos de otra superstición de aquel tiempo: la del Hombre del Libro. En algún anaquel de algún hexágono (razonaron los hombres) debe existir

1 **exhibir:** vorzeigen. • **la credencial:** Ausweis. • 2 **el fastidio:** Ärger, Verdruss. • **el volumen:** hier: Band (Buch). • 3 **el furor:** Wüten, Eifer. • 4 **la perdición:** Verlust. • 5 **execrar:** verfluchen, verabscheuen. • **deplorar:** zutiefst bedauern. • 6 **el frenesí:** Raserei. • **negligir** (elev.): außer Acht lassen. • **notorio/a:** offenkundig. • 8 **infinitesimal:** unendlich klein. • 9 **irreemplazable:** unersetzbar. • 10 **los centenares:** Hunderte. • 11 **el facsímile:** Faksimile, Nachdruck, Kopie. • 11 f. **diferir:** abweichen. • 14 **la depredación:** Plünderung. • 14 f. **el purificador:** Läuterer. • 17 **carmesí:** karmesinrot. • 18 **omnipotente:** allmächtig.

un libro que sea la cifra y el compendio perfecto *de todos los demás*: algún bibliotecario lo ha recorrido y es análogo a un dios. En el lenguaje de esta zona persisten aún vestigios del culto de ese funcionario remoto. Muchos peregrinaron en busca de Él. Durante un siglo fatigaron en vano los más diversos rumbos. ¿Cómo localizar el venerado hexágono secreto que lo hospedaba? Alguien propuso un método regresivo: Para localizar el libro A, consultar previamente un libro B que indique el sitio de A; para localizar el libro B, consultar previamente un libro C, y así hasta lo infinito ... En aventuras de ésas, he prodigado y consumido mis años. No me parece inverosímil que en algún anaquel del universo haya un libro total;* ruego a los dioses ignorados que un hombre – ¡uno sólo, aunque sea, hace miles de años! – lo haya examinado y leído. Si el honor y la sabiduría y la felicidad no son para mí, que sean para otros. Que el cielo exista, aun-

* Lo repito: basta que un libro sea posible para que exista. Sólo está excluido lo imposible. Por ejemplo: ningún libro es también una escalera, aunque sin duda haya libros que discuten y niegan y demuestran esa posibilidad y otros cuya estructura corresponde a la de una escalera.

1 **la cifra:** Ziffer, Zahl, Code; hier (fig.): Inbegriff. • **el compendio:** Zusammenfassung. • 2 **recorrer:** durchqueren; hier: durchlesen, überfliegen. • 3f. **persistir:** bestehen, fortdauern. • 4 **el vestigio:** Anzeichen, Spur. • 6 **el rumbo:** Richtung. • 7 **venerar:** verehren. • 8 **hospedar:** beherbergen. • 9 **previamente:** vorher. • 12 **prodigar:** verschwenden. • 15 **ignorar:** nicht kennen. • 17 **la sabiduría:** Weisheit.

que mi lugar sea el infierno. Que yo sea ultrajado y aniquilado, pero que en un instante, en un ser, tu enorme Biblioteca se justifique.

Afirman los impíos que el disparate es normal en la Biblioteca y que lo razonable (y aun la humilde y pura coherencia) es una casi milagrosa excepción. Hablas (lo sé) de «la Biblioteca febril, cuyos azarosos volúmenes corren el incesante albur de cambiarse en otros y que todo lo afirman, lo niegan y lo confunden como una divinidad que delira». Esas palabras que no sólo denuncian el desorden sino que lo ejemplifican también, notoriamente prueban su gusto pésimo y su desesperada ignorancia. En efecto, la Biblioteca incluye todas las estructuras verbales, todas las variaciones que permiten los veinticinco símbolos ortográficos, pero no un solo disparate absoluto. Inútil observar que el mejor volumen de los muchos hexágonos que administro se titula *Trueno peinado*, y otro *El calambre de yeso* y otro *Axaxaxas mlö*. Esas proposiciones, a primera vista incoherentes, sin duda son capaces de una justificación criptográfica o alegórica; esa justificación es verbal y, *ex hypothesi*, ya

1 **ultrajar:** beleidigen, schmähen. • 2 **aniquilar:** vernichten, auslöschen. • 4 **el impío / la impía:** Gottlose(r). • **el disparate:** Unsinn. • 5 **humilde:** bescheiden, einfach (*la humildad:* Bescheidenheit). • 7 **febril:** fiebrig, fieberhaft. • **azaroso/a:** gefährlich, waghalsig. • 8 **correr un albur** (loc.): ein Risiko eingehen. • 10 **delirar:** im Fieber reden, fantasieren. • 11 f. **ejemplificar:** mit Beispielen belegen. • 12 **notoriamente:** offenkundig. • **probar:** hier: beweisen, belegen. • **pésimo/a:** sehr schlecht. • 13 **en efecto:** tatsächlich. • 19 **el calambre:** Krampf. • **el yeso:** Gips. • 19 f. **la proposición:** Vorschlag; hier: Thema. • 22 **ex hypothesi** (lat.): nach Voraussetzung.

figura en la Biblioteca. No puedo combinar unos caracteres

dhcmrlchtdj

que la divina Biblioteca no haya previsto y que en alguna de sus lenguas secretas no encierren un terrible sentido. Nadie puede articular una sílaba que no esté llena de ternuras y de temores; que no sea en alguno de esos lenguajes el nombre poderoso de un dios. Hablar es incurrir en tautologías. Esta epístola inútil y palabrera ya existe en uno de los treinta volúmenes de los cinco anaqueles de uno de los incontables hexágonos – y también su refutación. (Un número *n* de lenguajes posibles usa el mismo vocabulario; en algunos, el símbolo *biblioteca* admite la correcta definición *ubicuo y perdurable sistema de galerías hexagonales*, pero *biblioteca* es *pan* o *pirámide* o cualquier otra cosa, y las siete palabras que la definen tienen otro valor. Tú, que me lees, ¿estás seguro de entender mi lenguaje?)

La escritura metódica me distrae de la presente condición de los hombres. La certidumbre de que to-

4 **prever:** vorhersehen. • 6 **la sílaba:** Silbe. • 7 **la ternura:** Zärtlichkeit. • **el temor:** Furcht, Angst. • 8 **poderoso/a:** mächtig. • 9 **incurrir en:** geraten in, sich verstricken in. • **la tautología:** Tautologie (Nebeneinandernennung gleichbedeutender Wörter, z. B.: immer und ewig). • **la epístola:** Epistel, längerer/kunstvoller Brief. • 10 **palabrero/a:** geschwätzig. • 11 **incontable:** unzählig. • 12 **la refutación:** Widerlegung. • 15 **ubicuo/a:** allgegenwärtig. • **perdurable:** ewig, dauerhaft (*perdurar:* andauern, bestehen bleiben). • 20 **distraer a alg. de algo:** jdn. von etwas ablenken.

do está escrito nos anula o nos afantasma. Yo conozco distritos en que los jóvenes se prosternan ante los libros y besan con barbarie las páginas, pero no saben descifrar una sola letra. Las epidemias, las discordias heréticas, las peregrinaciones que inevitablemente degeneran en bandolerismo, han diezmado la población. Creo haber mencionado los suicidios, cada año más frecuentes. Quizá me engañen la vejez y el temor, pero sospecho que la especie humana – la única – está por extinguirse y que la Biblioteca perdurará: iluminada, solitaria, infinita, perfectamente inmóvil, armada de volúmenes preciosos, inútil, incorruptible, secreta.

Acabo de escribir *infinita.* No he interpolado ese adjetivo por una costumbre retórica; digo que no es ilógico pensar que el mundo es infinito. Quienes lo juzgan limitado, postulan que en lugares remotos los corredores y escaleras y hexágonos pueden inconcebiblemente cesar – lo cual es absurdo. Quienes lo imaginan sin límites, olvidan que los tiene el número posible de libros. Yo me atrevo a insinuar esta solución del antiguo problema: *La biblioteca es ilimitada y periódi-*

1 **afantasmar a alg.:** etwa: jdn. zu einem Gespenst machen (*el fantasma:* Gespenst). • 2 **prosternarse:** sich niederwerfen, zu Boden werfen. • 4 **la discordia:** Zwietracht, Uneinigkeit. • 5 **herético/a:** ketzerisch (*la herejía:* Ketzerei). • 5 f. **degenerar en:** ausarten in, sich entwickeln zu. • 6 **el bandolerismo:** Gangstertum; hier (fig.): gewalttätige Übergriffe. • **diezmar:** dezimieren. • 9 **la especie:** Art, Spezies. • 10 **extinguirse:** aussterben, erlöschen, zu Ende gehen. • 11 **inmóvil:** bewegungslos. • 11 f. **armar:** hier: ausstatten, bestücken. • 12 **incorruptible:** unbestechlich. • 16 **ilógico/a:** unlogisch. • 17 **postular:** bitten; hier: behaupten.

ca. Si un eterno viajero la atravesara en cualquier dirección, comprobaría al cabo de los siglos que los mismos volúmenes se repiten en el mismo desorden (que, repetido, sería un orden: el Orden). Mi soledad se alegra con esa elegante esperanza.*

1941; *Ficciones*, 1944

* Letizia Alvarez de Toledo ha observado que la vasta Biblioteca es inútil; en rigor, bastaría *un solo volumen*, de formato común, impreso en cuerpo nueve o en cuerpo diez, que constara de un número infinito de hojas infinitamente delgadas. (Cavalieri, a principios del siglo XVII, dijo que todo cuerpo sólido es la superposición de un número infinito de planos.) El manejo de ese *vademecum* sedoso no sería cómodo: cada hoja aparente se desdoblaría en otras análogas: la inconcebible hoja central no tendría revés.

2 **al cabo de:** nach (*el cabo:* Ende). • 4 **la soledad:** Einsamkeit. • 7 **Letizia Alvarez de Toledo:** Es ist unklar, ob Borges diese Person erfunden hat oder ob sie tatsächlich existierte. • 8 **en rigor:** strenggenommen. • 9 **el cuerpo nueve:** Corpus neun (Schriftgrad). • 10 **Cavalieri:** Bonaventura Cavalieri (1598–1647); italienischer Mathematiker, auf den das Cavalieri-Prinzip in der Geometrie zurückgeht: Zwei Körper besitzen dasselbe Volumen, wenn ihre Schnittflächen in Ebenen parallel zu einer Grundebene in entsprechenden Höhen den gleichen Flächeninhalt haben. • 11 **el cuerpo sólido:** Festkörper. • 11 f. **la superposición:** Überlagerung. • 12 **el plano:** hier: Fläche. • **el manejo:** Handhabung. • 13 **el vademecum:** Vademecum (Gegenstand, meist ein Buch, der unentbehrlicher Begleiter in allen Lebenslagen ist). • **sedoso/a:** seiden(artig); hier (fig.): seidendünn (*la seda:* Seide). • **aparente:** scheinbar. • 14 **desdoblarse:** sich auseinanderfalten, sich teilen. • 15 **el revés:** Rückseite.

El sur

El hombre que desembarcó en Buenos Aires en 1871 se llamaba Johannes Dahlmann y era pastor de la iglesia evangélica; en 1939, uno de sus nietos, Juan Dahlmann, era secretario de una biblioteca municipal en la calle Córdoba y se sentía hondamente argentino. Su abuelo materno había sido aquel Francisco Flores, del 2 de infantería de línea, que murió en la frontera de Buenos Aires, lanceado por indios de Catriel; en la discordia de sus dos linajes, Juan Dahlmann (tal vez a impulso de la sangre germánica) eligió el de ese antepasado romántico, o de muerte romántica. Un estuche con el daguerrotipo de un hombre inexpresivo y barbado, una vieja espada, la dicha y el coraje de ciertas músicas, el hábito de estrofas del *Martín Fierro,* los

2 **desembarcar:** landen, an Land gehen. • 6 **hondamente:** äußerst, zutiefst. • 7 **materno/a:** mütterlicherseits. • 9 **lancear:** mit einer Lanze durchbohren. • **los indios de Catriel:** die Catriel-Indianer (Catriel: Häuptlingsgeschlecht der Ranquel-Indianer, die im 18. und 19. Jh. vor allem in der Provinz La Pampa in Argentinien lebten). • 10 **la discordia:** Zwietracht. • **el linaje:** Abstammung, Geschlecht. • 10f. **a impulso de:** angetrieben von. • 11f. **el antepasado / la antepasada:** Vorfahre/Vorfahrin. • 12 **el estuche:** Futteral, Etui. • 13 **el daguerrotipo:** Daguerrotypie (fotografische Technik des 19. Jh.s). • **inexpresivo/a:** ausdruckslos. • 13f. **barbado/a:** bärtig. • 14 **la dicha:** Glück. • **el coraje:** Mut. • 15 **el hábito:** Gewohnheit; hier (fig.): das ständige Lesen des *Martín Fierro*. • **la estrofa:** Strophe. • **«Martín Fierro»:** Titel des argentinischen Nationalepos von José Hernández über das Leben der Gauchos (1872).

años, el desgano y la soledad, fomentaron ese criollismo algo voluntario, pero nunca ostentoso. A costa de algunas privaciones, Dahlmann había logrado salvar el casco de una estancia en el Sur, que fue de los Flores; una de las costumbres de su memoria era la imagen de los eucaliptos balsámicos y de la larga casa rosada que alguna vez fue carmesí. Las tareas y acaso la indolencia lo retenían en la ciudad. Verano tras verano se contentaba con la idea abstracta de posesión y con la certidumbre de que su casa estaba esperándolo, en un sitio preciso de la llanura. En los últimos días de febrero de 1939, algo le aconteció.

Ciego a las culpas, el destino puede ser despiadado con las mínimas distracciones. Dahlmann había conseguido, esa tarde, un ejemplar descabalado de las Mil y Una Noches de Weil; ávido de examinar ese hallazgo, no esperó que bajara el ascensor y subió con apuro

1 **el desgano:** Unlust. • **la soledad:** Einsamkeit. • **fomentar:** fördern. • 1f. **el criollismo:** das Kreolentum; typische südamerikanische Kulturelemente, die aus der Mischung europäischer, afrikanischer und indianischer Einflüsse hervorgingen (*el criollo / la criolla:* Kreole/Kreolin; im Land geborener Nachfahre europäischer Einwanderer). • 2 **ostentoso/a:** prahlerisch, angeberisch. • 3 **la privación:** Entbehrung. • **había logrado salvar:** war es ihm gelungen ... zu retten. • 4 **el casco** (Arg.): Haupthaus eines Landguts. • **la estancia** (Am.): Landgut, Hazienda. • 6 **el eucalipto balsámico:** Eukalyptusbaum. • 7 **carmesí:** karmesinrot. • **acaso** (adv.): vielleicht, möglicherweise. • 8 **la indolencia:** Trägheit. • **retener:** zurückhalten. • 10 **la certidumbre:** Gewissheit. • 11 **la llanura:** Ebene, Flachland. • 13 **despiadado/a:** unbarmherzig. • 15 **descabalado/a:** zusammengestückelt. • 16 **Weil:** Gustav Weil, deutscher Orientalist (1808–89), der als erster die Märchen aus Tausendundeiner Nacht aus dem Arabischen ins Deutsche übersetzte. • **(estar) ávido/a de** (+ inf.): begierig (sein) zu. • **el hallazgo:** Entdeckung, Fund (*hallar:* [vor]finden). • 17 **el apuro** (Am.): Eile, Hast.

las escaleras; algo en la oscuridad le rozó la frente, ¿un murciélago, un pájaro? En la cara de la mujer que le abrió la puerta vio grabado el horror, y la mano que se pasó por la frente salió roja de sangre. La arista de un batiente recién pintado que alguien se olvidó de cerrar le habría hecho esa herida. Dahlmann logró dormir, pero a la madrugada estaba despierto y desde aquella hora el sabor de todas las cosas fue atroz. La fiebre lo gastó y las ilustraciones de las Mil y Una Noches sirvieron para decorar pesadillas. Amigos y parientes lo visitaban y con exagerada sonrisa le repetían que lo hallaban muy bien. Dahlmann los oía con una especie de débil estupor y le maravillaba que no supieran que estaba en el infierno. Ocho días pasaron, como ocho siglos. Una tarde, el médico habitual se presentó con un médico nuevo y lo condujeron a un sanatorio de la calle Ecuador, porque era indispensable sacarle una radiografía. Dahlmann, en el coche de plaza que los llevó, pensó que en una habitación que no fuera la suya podría, al fin, dormir. Se sintió feliz y conversador; en cuanto llegó, lo desvistieron, le raparon la cabeza, lo sujetaron con metales a una camilla, lo iluminaron hasta la ceguera y el vértigo, lo

1 **rozar:** streifen, leicht berühren. • 2 **el murciélago:** Fledermaus. • 3 **grabar:** einmeißeln, eingravieren. • 5 **la arista:** Kante. • **el batiente:** Tür-, Fensterflügel. • 8 **el sabor:** Geschmack. • 9 **atroz:** grauenhaft, grässlich. • **gastar a alg.:** jdn. erschöpfen, auslaugen. • 10 **la pesadilla:** Alptraum. • 13 **el estupor:** Benommenheit. • **maravillar:** in Bewunderung versetzen, verwundern. • 17f. **indispensable:** unerlässlich. • 18f. **el coche de plaza:** Pferdekutsche. • 22 **rapar:** stutzen, rasieren. • **sujetar:** festmachen, festbinden. • 23 **iluminar a alg. hasta la ceguera:** etwa: jdn. bis zum Blindwerden durchleuchten (*la ceguera:* Blindheit). • **el vértigo:** Schwindel.

auscultaron y un hombre enmascarado le clavó una aguja en el brazo. Se despertó con náuseas, vendado, en una celda que tenía algo de pozo y, en los días y noches que siguieron a la operación pudo entender que apenas había estado, hasta entonces, en un arrabal del infierno. El hielo no dejaba en su boca el menor rastro de frescura. En esos días, Dahlmann minuciosamente se odió; odió su identidad, sus necesidades corporales, su humillación, la barba que le erizaba la cara. Sufrió con estoicismo las curaciones, que eran muy dolorosas, pero cuando el cirujano le dijo que había estado a punto de morir de una septicemia, Dahlmann se echó a llorar, condolido de su destino. Las miserias físicas y la incesante previsión de las malas noches no le habían dejado pensar en algo tan abstracto como la muerte. Otro día, el cirujano le dijo que estaba reponiéndose y que, muy pronto, podría ir a convalecer a la estancia. Increíblemente, el día prometido llegó.

A la realidad le gustan las simetrías y los leves anacronismos; Dahlmann había llegado al sanatorio en un coche de plaza y ahora un coche de plaza lo llevaba a

1 **auscultar:** abhorchen, abhören. • **enmascarado/a:** maskiert. • 1 f. **clavar una aguja en algo:** eine Nadel in etwas stoßen (*clavar:* [an]nageln). • 2 **las náuseas** (pl.!): Übelkeit. • 5 f. **el arrabal:** Vorstadt; hier: Vorhof. • 7 **el rastro:** Spur. • 8 f. **las necesidades corporales:** körperliche Bedürfnisse. • 9 **la humillación:** Demütigung. • 9 f. **que le erizaba la cara:** der in seinem Gesicht spross (*erizarse:* sich sträuben, aufrichten). • 11 **el cirujano / la cirujana:** Chirurg(in). • 12 **la septicemia:** Blutvergiftung, Sepsis. • 13 **condolido/a de:** etwa: aus Mitleid mit. • 14 **incesante:** unaufhörlich. • **la previsión:** Vorhersage; hier etwa: Erwartung. • 17 **reponerse:** sich erholen. • 18 **convalecer:** sich erholen, genesen (*el/la convaleciente:* Genesende[r]).

Constitución. La primera frescura del otoño, después de la opresión del verano, era como un símbolo natural de su destino rescatado de la muerte y la fiebre. La ciudad, a las siete de la mañana, no había perdido ese aire de casa vieja que le infunde la noche; las calles eran como largos zaguanes, las plazas como patios. Dahlmann la reconocía con felicidad y con un principio de vértigo; unos segundos antes de que las registraran sus ojos, recordaba las esquinas, las carteleras, las modestas diferencias de Buenos Aires. En la luz amarilla del nuevo día, todas las cosas regresaban a él.

Nadie ignora que el Sur empieza del otro lado de Rivadavia. Dahlmann solía repetir que ello no es una convención y que quien atraviesa esa calle entra en un mundo más antiguo y más firme. Desde el coche buscaba entre la nueva edificación, la ventana de rejas, el llamador, el arco de la puerta, el zaguán, el íntimo patio.

1 **Constitución:** Stadtteil im Osten von Buenos Aires; hier: gleichnamiger Bahnhof, von dem viele Züge aus der Haupstadt vor allem in die südlichen Provinzen fahren. • 2 **la opresión:** Beklommenheit, Beklemmung. • 3 **el destino:** Schicksal. • **rescatar:** retten. • 5 **infundir:** einflößen, verleihen. • 6 **el zaguán:** Vorhalle, Hausflur. • 7f. **el principio:** Anfang, Beginn. • 9 **la cartelera:** Plakatwand. • 10 **modesto/a:** bescheiden. • 12 **nadie ignora:** jeder weiß (*ignorar:* nicht wissen). • 12f. **Rivadavia:** die Avenida Rivadavia; wichtige Durchgangsstraße, die Buenos Aires in eine nördliche und eine südliche Hälfte teilt (der oben genannte Bahnhof Constitución liegt an der Südseite der Avenida). • 13 **soler hacer algo:** etwas zu tun pflegen. • 13f. **la convención:** hier (fig.): Redensart. • 15 **firme:** fest, stabil, gefestigt. • 16 **la edificación:** Bau, Gebäude. • **la reja:** Gitter. • 16f. **el llamador:** Türklopfer (Borges beschreibt hier die klassischen Hauseingänge der altehrwürdigen Häuser in Buenos Aires: Hinter einer mit Rundbogen versehenen Haustür mit vergitterter Fensterscheibe befindet sich der Eingangsbereich, der »zaguán«, der in einen kleinen Innenhof führt).

En el *hall* de la estación advirtió que faltaban treinta minutos. Recordó bruscamente que en un café de la calle Brasil (a pocos metros de la casa de Yrigoyen) había un enorme gato que se dejaba acariciar por la gente, como una divinidad desdeñosa. Entró. Ahí estaba el gato, dormido. Pidió una taza de café, la endulzó lentamente, la probó (ese placer le había sido vedado en la clínica) y pensó, mientras alisaba el negro pelaje, que aquel contacto era ilusorio y que estaban como separados por un cristal, porque el hombre vive en el tiempo, en la sucesión, y el mágico animal, en la actualidad, en la eternidad del instante.

A lo largo del penúltimo andén el tren esperaba. Dahlmann recorrió los vagones y dio con uno casi vacío. Acomodó en la red la valija; cuando los coches arrancaron, la abrió y sacó, tras alguna vacilación, el primer tomo de las Mil y Una Noches. Viajar con este libro, tan vinculado a la historia de su desdicha, era una afirmación de que esa desdicha había sido anulada y un desafío alegre y secreto a las frustradas fuerzas del mal.

1 **advertir:** bemerken. • 2 **bruscamente:** plötzlich, jäh. • 3 **la calle Brasil:** Straße in der Innenstadt von Buenos Aires. • **Yrigoyen:** Hipólito Yrigoyen (1852–1933); zweimaliger Staatspräsident Argentiniens (1916–22 und 1928–30). • 5 **la divinidad:** Gottheit. • **desdeñoso/a:** hochmütig. • 6 f. **endulzar:** süßen. • 7 f. **vedar:** verbieten, verhindern. • 8 **alisar:** (aus)kämmen, glätten. • 8 f. **el pelaje:** Fell. • 11 **la sucesión:** Folge; hier etwa: Aufeinanderfolge von Ereignissen. • 12 **la eternidad:** Ewigkeit. • 13 **penúltimo/a:** vorletze(r, s). • **el andén:** Bahnsteig. • 14 **recorrer:** durchlaufen, -queren. • **dar con algo:** auf etwas stoßen. • 15 **acomodar:** unterbringen. • **la valija** (Am.): Koffer. • 16 **la vacilación:** Schwanken; hier (fig.): Zögern, Unschlüssigkeit. • 17 **el tomo:** Band (Buch). • 18 **vincular a:** verbinden, verknüpfen mit. • **la desdicha:** Unglück. • 20 **el desafío:** Herausforderung.

A los lados del tren, la ciudad se desgarraba en suburbios; esta visión y luego la de los jardines y quintas demoraron el principio de la lectura. La verdad es que Dahlmann leyó poco; la montaña de piedra imán y el genio que ha jurado matar a su bienhechor eran, quién lo niega, maravillosos, pero no mucho más que la mañana y que el hecho de ser. La felicidad lo distraía de Shahrazad y de sus milagros superfluos; Dahlmann cerraba el libro y se dejaba simplemente vivir.

El almuerzo (con el caldo servido en boles de metal reluciente, como en los ya remotos veraneos de la niñez) fue otro goce tranquilo y agradecido.

Mañana me despertaré en la estancia, pensaba, y era como si a un tiempo fuera dos hombres: el que avanzaba por el día otoñal y por la geografía de la patria, y el otro, encarcelado en un sanatorio y sujeto a metódicas servidumbres. Vio casas de ladrillo sin revocar, esquinadas y largas, infinitamente mirando pasar los trenes; vio jinetes en los terrosos caminos; vio zanjas y

1 **desgarrarse:** (zer)reißen; hier (fig.): sich auflösen. • 2 **la quinta:** Landhaus. • 3 **demorar:** hinauszögern. • 4 **la montaña de piedra imán:** »Der Magnetberg«; Märchen aus Tausendundeiner Nacht (*el imán:* Magnet). • 5 **el genio:** Flaschengeist, Dschinn. • **el bienhechor / la bienhechora:** Wohltäter(in). • 7 f. **distraer a alg. de algo:** jdn. von etwas ablenken. • 8 **Shahrazad:** Scheherazade; die Erzählerin der Märchen aus Tausendundeiner Nacht. • 10 **el caldo:** (Fleisch-, Gemüse-)Brühe. • **el bol:** Schale, henkellose Tasse. • 11 **reluciente:** glänzend, schimmernd. • **remoto/a:** fern. • **el veraneo:** Sommerurlaub. • 11 f. **la niñez:** Kindheit. • 12 **el goce:** Genuss. • 16 **encarcelar:** einsperren. • **sujeto/a a:** unterworfen. • 17 **la servidumbre:** Leibeigenschaft, Knechtschaft. • **el ladrillo:** Ziegel(stein). • **revocar:** kalken, verputzen. • 19 **el jinete:** Reiter. • **el terroso camino:** unbefestigter Feldweg (*terroso/a:* erdig). • **la zanja:** Graben; hier (Am.): Flusstal.

lagunas y hacienda; vio largas nubes luminosas que parecían de mármol, y todas estas cosas eran casuales, como sueños de la llanura. También creyó reconocer árboles y sembrados que no hubiera podido nombrar, porque su directo conocimiento de la campaña era harto inferior a su conocimiento nostálgico y literario.

Alguna vez durmió y en sus sueños estaba el ímpetu del tren. Ya el blanco sol intolerable de las doce del día era el sol amarillo que precede al anochecer y no tardaría en ser rojo. También el coche era distinto; no era el que fue en Constitución, al dejar el andén: la llanura y las horas lo habían atravesado y transfigurado. Afuera la móvil sombra del vagón se alargaba hacia el horizonte. No turbaban la tierra elemental ni poblaciones ni otros signos humanos. Todo era vasto, pero al mismo tiempo era íntimo y, de alguna manera, secreto. En el campo desaforado, a veces no había otra cosa que un toro. La soledad era perfecta y tal vez hostil, y Dahlmann pudo sospechar que viajaba al pasado y no sólo al Sur. De esa conjetura fantástica lo distrajo el inspector que al ver su boleto, le advirtió que el tren no lo dejaría en la estación de siempre sino en otra, un poco anterior y apenas conocida por Dahl-

1 **la hacienda:** hier (Arg.): Vieh. • 2 **casual:** zufällig. • 4 **el sembrado:** Saat(feld). • 5 **la campaña:** Feld, Land. • 6 **harto** (adv.): genug, ausreichend, allzu. • 7 **el ímpetu:** Wucht, Schwung, Dynamik. • 9 **el anochecer:** Abenddämmerung, Einbruch der Nacht. • 13 **(in)móvil:** (un)beweglich. • **alargarse:** länger werden, sich ausdehnen. • 14 **turbar:** stören. • 15 **vasto/a:** weit, groß. • 17 **desaforado/a:** maßlos; hier: endlos. • 19 **hostil:** feindselig. • 20 **la conjetura:** Mutmaßung. • 21 **advertir a alg. que:** jdn. darauf hinweisen / aufmerksam machen, dass.

mann. (El hombre añadió una explicación que Dahlmann no trató de entender ni siquiera de oír, porque el mecanismo de los hechos no le importaba.)

El tren laboriosamente se detuvo, casi en medio del campo. Del otro lado de las vías quedaba la estación, que era poco más que un andén con un cobertizo. Ningún vehículo tenían, pero el jefe opinó que tal vez pudiera conseguir uno en un comercio que le indicó a unas diez, doce, cuadras.

Dahlmann aceptó la caminata como una pequeña aventura. Ya se había hundido el sol, pero un resplandor final exaltaba la viva y silenciosa llanura, antes de que la borrara la noche. Menos para no fatigarse que para hacer durar esas cosas, Dahlmann caminaba despacio, aspirando con grave felicidad el olor del trébol.

El almacén, alguna vez, había sido punzó, pero los años habían mitigado para su bien ese color violento. Algo en su pobre arquitectura le recordó un grabado en acero, acaso de una vieja edición de *Pablo y Virgi-*

1 **añadir:** hinzufügen. • 4 **laboriosamente:** mühsam. • 6 **el cobertizo:** Vordach. • 9 **la cuadra** (Am.): Wegemaß; entspricht etwa 100 m. • 10 **la caminata:** Fußmarsch. • 11 **hundirse:** versinken, untergehen. • 11f. **el resplandor:** Glanz, Schimmer. • 12 **exaltar:** verherrlichen; hier: leuchten lassen. • 13f. **fatigarse:** ermüden, sich überanstrengen (*la fatiga:* Müdigkeit). • 15 **aspirar:** einatmen. • 16 **el trébol:** Klee. • 17 **el almacén** (Arg.): Lebensmittelladen, in dem man auch Kleinigkeiten essen und trinken kann. • **punzó** (Am., inv.): leuchtend rot. • 18 **mitigar:** mildern, abschwächen. • 19f. **el grabado en acero:** Stahlstich. • 20f. **«Pablo y Virginia»:** *Paul et Virginie* (1788); Roman des französischen Schriftstellers Jacques-Henri Bernardin de Saint-Pierre (1737–1814) über unschuldige Liebe und Standesdünkel; diente als Vorlage für zahlreiche Gemälde und Stiche.

nia. Atados al palenque había unos caballos. Dahlmann, adentro, creyó reconocer al patrón; luego comprendió que lo había engañado su parecido con uno de los empleados del sanatorio. El hombre, oído el caso, dijo que le haría atar la jardinera; para agregar otro hecho a aquel día, y para llenar ese tiempo, Dahlmann resolvió comer en el almacén.

En una mesa comían y bebían ruidosamente unos muchachones, en los que Dahlmann, al principio, no se fijó. En el suelo, apoyado en el mostrador, se acurrucaba, inmóvil como una cosa, un hombre muy viejo. Los muchos años lo habían reducido y pulido como las aguas a una piedra o las generaciones de los hombres a una sentencia. Era oscuro, chico y reseco, y estaba como fuera del tiempo en una eternidad. Dahlmann registró con satisfacción la vincha, el poncho de bayeta, el largo chiripá y la bota de potro y se dijo, rememorando inútiles discusiones con gente de los partidos del Norte o con entrerrianos, que gauchos de esos ya no quedan más que en el Sur.

1 **atar:** festbinden, fesseln. • **el palenque** (Am.): Pfosten, Pfahl. • 2 **adentro:** darin, innen. • 3 **el parecido:** Ähnlichkeit. • 5 **atar la jardinera:** den Wagen anspannen (*la jardinera:* hier: Droschke). • **agregar:** hinzufügen. • 7 **resolver** (+ inf.): beschließen zu. • 9 **el muchachón** (fam.): Kerl (*-ón* ist hier verstärkende Nachsilbe). • 10 **apoyarse:** sich stützen, lehnen. • **el mostrador:** Ladentisch, Theke. • 10f. **acurrucarse:** sich zusammenkauern. • 12 **pulir:** polieren, glätten. • 14 **la sentencia:** Sinnspruch. • **reseco/a:** dürr, abgemagert. • 16 **la vincha** (Am.): Haar-, Stirnband. • 16f. **el poncho de bayeta:** Flanellponcho. • 17 **el chiripá:** in Falten gelegte Gauchohose. • **la bota de potro:** Stiefel aus dem Leder junger Pferde (Teile des klassischen Gauchoanzugs). • 17f. **rememorar algo:** sich an etwas erinnern. • 19 **el entrerriano / la entrerriana:** Einwohner(in) der Provinz Entre Ríos im Nordosten Argentiniens.

Dahlmann se acomodó junto a la ventana. La oscuridad fue quedándose con el campo, pero su olor y sus rumores aún le llegaban entre los barrotes de hierro. El patrón le trajo sardinas y después carne asada. Dahlmann las empujó con unos vasos de vino tinto. Ocioso, paladeaba el áspero sabor y dejaba errar la mirada por el local, ya un poco soñolienta. La lámpara de kerosén pendía de uno de los tirantes; los parroquianos de la otra mesa eran tres: dos parecían peones de chacra; otro, de rasgos achinados y torpes, bebía con el chambergo puesto. Dahlmann, de pronto, sintió un leve roce en la cara. Junto al vaso ordinario de vidrio turbio, sobre una de las rayas del mantel, había una bolita de miga. Eso era todo, pero alguien se la había tirado.

Los de la otra mesa parecían ajenos a él. Dahlmann, perplejo, decidió que nada había ocurrido y abrió el volumen de las *Mil y Una Noches,* como para tapar la

1 **acomodarse:** es sich bequem machen. • 3 **el rumor:** Geräusch. • **el barrote de hierro:** Eisenstange. • 5 **empujar:** hier (fam.): herunterspülen. • 6 **ocioso/a:** untätig, müßig. • **paladear:** genießen. • **áspero/a:** rau, herb. • 6f. **dejar errar la mirada:** den Blick schweifen lassen (*errar:* umherirren). • 7 **soñoliento/a:** schläfrig, müde. • 8 **pender:** hängen. • **el tirante:** Träger, Strebe. • 8f. **el parroquiano / la parroquiana:** Gemeindemitglied; Stammkunde/Stammkundin. • 9f. **el peón de chacra:** Landarbeiter (*el peón:* Hilfsarbeiter, *la chacra*, Am.: kleine Farm). • 10 **de rasgos achinados:** mit indianischen Gesichtszügen (*los ojos achinados:* Schlitzaugen). • **torpe:** ungeschickt; hier: schwerfällig, grob. • 11 **el chambergo:** breitkrempiger Hut mit Federschmuck. • 12 **el roce:** Reibung, (leichtes) Streifen. • 13 **turbio/a:** trüb. • 14 **la miga:** Krume, das Weiche im Brot. • 16 **parecer ajeno/a a alg.:** jdn. nicht zu kennen scheinen; hier: jdn. nicht wahrzunehmen scheinen. • 18 **el volumen:** hier: Band (Buch). • **tapar:** bedecken; (fig.): vertuschen.

realidad. Otra bolita lo alcanzó a los pocos minutos, y esta vez los peones se rieron. Dahlmann se dijo que no estaba asustado, pero que sería un disparate que él, un convaleciente, se dejara arrastrar por desconocidos a una pelea confusa. Resolvió salir; ya estaba de pie cuando el patrón se le acercó y lo exhortó con voz alarmada:

– Señor Dahlmann, no les haga caso a esos mozos, que están medio alegres.

Dahlmann no se extrañó de que el otro, ahora, lo conociera, pero sintió que estas palabras conciliadoras agravaban, de hecho, la situación. Antes, la provocación de los peones era a una cara accidental, casi a nadie; ahora iba contra él y contra su nombre y lo sabrían los vecinos. Dahlmann hizo a un lado al patrón, se enfrentó con los peones y les preguntó qué andaban buscando.

El compadrito de la cara achinada se paró, tambaleándose. A un paso de Juan Dahlmann, lo injurió a gritos, como si estuviera muy lejos. Jugaba a exagerar su borrachera y esa exageración era una ferocidad y una burla. Entre malas palabras y obscenidades, tiró

1 **alcanzar:** erreichen, treffen. • 3 **el disparate:** Unsinn. • 4 **dejarse arrastrar** (fig.): sich verleiten, zu etwas hinreißen lassen (*arrastrar:* ziehen, schleifen). • 6 **exhortar:** (er)mahnen. • 8 **hacer caso a alg.:** jdn. beachten. • 10 **extrañarse:** sich wundern. • 11 **conciliador, -ora:** versöhnlich. • 13 **accidental:** zufällig. • 15 **hacer a un lado a alg.:** jdn. zur Seite schieben. • 16 **enfrentarse con alg.:** jdm. gegenübertreten; hier: sich mit jdm. auseinandersetzen, jdm. die Stirn bieten. • 18 **el compadrito** (Am.): Angeber, Großmaul. • 18f. **tambalearse:** schwanken, taumeln. • 19 **injuriar:** beschimpfen, beleidigen. • 21 **la borrachera:** Rausch, Trunkenheit. • **la ferocidad:** Wildheit; hier (fig.): Frechheit. • 22 **la burla:** Spaß, Spott.

al aire un largo cuchillo, lo siguió con los ojos, lo barajó, e invitó a Dahlmann a pelear. El patrón objetó con trémula voz que Dahlmann estaba desarmado. En ese punto, algo imprevisible ocurrió.

Desde un rincón, el viejo gaucho extático, en el que Dahlmann vio una cifra del Sur (del Sur que era suyo), le tiró una daga desnuda que vino a caer a sus pies. Era como si el Sur hubiera resuelto que Dahlmann aceptara el duelo. Dahlmann se inclinó a recoger la daga y sintió dos cosas. La primera, que ese acto casi instintivo lo comprometía a pelear. La segunda, que el arma, en su mano torpe, no serviría para defenderlo, sino para justificar que lo mataran. Alguna vez había jugado con un puñal, como todos los hombres, pero su esgrima no pasaba de una noción de que los golpes deben ir hacia arriba y con el filo para adentro. *No hubieran permitido en el sanatorio que me pasaran estas cosas,* pensó.

– Vamos saliendo – dijo el otro.

Salieron, y si en Dahlmann no había esperanza, tampoco había temor. Sintió, al atravesar el umbral, que morir en una pelea a cuchillo, a cielo abierto y acometiendo, hubiera sido una liberación para él, una felicidad y una fiesta, en la primera noche del sanato-

1 f. **barajar** (Arg.): auffangen. • 2 **objetar:** einwenden, entgegenhalten. • 3 **trémulo/a:** zitternd, bebend. • 4 **imprevisible:** unvorhersehbar. • 6 **la cifra:** Ziffer, Zahl; hier (fig.): Symbol. • 7 **la daga:** Dolch. • 9 **inclinarse:** sich bücken, beugen. • 11 **comprometer a alg. a** (+ inf.): jdn. (dazu) verpflichten etwas zu tun. • 14 **el puñal:** Dolch. • 15 **la esgrima:** Fechtkunst. • **la noción:** Idee, Vorstellung. • 16 **el filo:** Schneide. • 21 **el temor:** Furcht, Angst. • **el umbral:** Türschwelle. • 23 **acometer:** angreifen.

rio, cuando le clavaron la aguja. Sintió que si él, entonces, hubiera podido elegir o soñar su muerte, ésta es la muerte que hubiera elegido o soñado.

Dahlmann empuña con firmeza el cuchillo, que acaso no sabrá manejar, y sale a la llanura.

Ficciones, 1944

4 **empuñar:** packen, ergreifen. • 5 **manejar:** handhaben, bedienen.

El milagro secreto

Y Dios lo hizo morir durante cien años y luego lo animó y le dijo:

– ¿Cuánto tiempo has estado aquí?

– Un día o parte de un día – respondió.

Alcorán, II, 261

La noche del catorce de marzo de 1939, en un departamento de la Zeltnergasse de Praga, Jaromir Hladík, autor de la inconclusa tragedia *Los enemigos,* de una *Vindicación de la eternidad* y de un examen de las indirectas fuentes judías de Jakob Boehme, soñó con un largo ajedrez. No lo disputaban dos individuos sino dos familias ilustres; la partida había sido entablada hace muchos siglos; nadie era capaz de nombrar el olvidado premio, pero se murmuraba que era enorme y

2ff. **Y Dios lo hizo morir ... respondió:** In der 2. Sure des Koran (*el Alcorán*), V. 261, heißt es: »Da ließ ihn Allah hundert Jahre gestorben sein; alsdann erweckte Er ihn und sprach: ›Wie lange hast du verweilt?‹ Er sprach: ›Ich verweilte einen Tag oder den Teil eines Tages.‹« (Übers. Max Henning.) • 9 **Zeltnergasse:** malerische Gasse in der Altstadt von Prag. • 10 **inconcluso/a:** unvollendet. • 11 **la vindicación:** Rechtfertigung, Verteidigung. • 12 **Boehme:** Jakob Böhme (1575–1624); deutscher Mystiker, der in seinen Schriften den Pantheismus, d.h. den Glauben an die Allgegenwärtigkeit Gottes, auf der Basis der reformierten christlichen Lehre verbreitete. • 13 **el ajedrez:** Schach(spiel). • **disputar:** bestreiten; hier: spielen. • 14 **ilustre:** berühmt. • **entablar:** anfangen, beginnen. • 16 **el premio:** Preis, Gewinn. • **murmurar:** murmeln.

quizás infinito; las piezas y el tablero estaban en una torre secreta; Jaromir (en el sueño) era el primogénito de una de las familias hostiles; en los relojes resonaba la hora de la impostergable jugada; el soñador corría por las arenas de un desierto lluvioso y no lograba recordar las figuras ni las leyes del ajedrez. En ese punto, se despertó. Cesaron los estruendos de la lluvia y de los terribles relojes. Un ruido acompasado y unánime, cortado por algunas voces de mando, subía de la Zeltnergasse. Era el amanecer, las blindadas vanguardias del Tercer Reich entraban en Praga.

El diecinueve, las autoridades recibieron una denuncia; el mismo diecinueve, al atardecer, Jaromir Hladík fue arrestado. Lo condujeron a un cuartel aséptico y blanco, en la ribera opuesta del Moldau. No pudo levantar uno solo de los cargos de la Gestapo: su apellido materno era Jaroslavski, su sangre era judía, su estudio sobre Boehme era judaizante, su firma desataba el censo final de una protesta contra el An-

1 **infinito/a:** unendlich. • **las piezas:** hier: Spielfiguren. • **el tablero:** Spielfeld. • 2 **el primogénito / la primogénita:** Erstgeborene(r). • 3 **hostil:** feindselig. • **resonar:** ertönen, erklingen. • 4 **impostergable:** unaufschiebbar. • **la jugada:** Spielzug. • 5 **no lograba** (+ inf.): es gelang ihm nicht zu. • 7 **cesar:** enden, aufhören. • **el estruendo:** Lärm, Getöse. • 8 **acompasado/a:** rhythmisch. • 8f. **unánime:** einstimmig. • 9 **el mando:** Befehl. • 10 **blindado/a:** gepanzert. • 10f. **la vanguardia:** Vorhut. • 12f. **la denuncia:** Anzeige. • 13 **el atardecer:** Abenddämmerung, Anbruch der Nacht (*atardecer:* Abend werden). • 14 **el cuartel:** Kaserne. • 15 **la ribera:** Ufer. • 16 **levantar cargos:** Anschuldigungen zurückweisen, widerlegen. • 17 **materno/a:** mütterlicherseits. • 18 **judaizante:** etwa: das Judentum verherrlichend. • 18f. **desatar:** auslösen. • 19 **el censo:** Erhebung, Zensus. • 19f. **el Anschluss:** der »Anschluss« Österreichs an das Dritte Reich 1938.

schluss. En 1928, había traducido el *Sepher Yezirah* para la editorial Hermann Barsdorf; el efusivo catálogo de esa casa había exagerado comercialmente el renombre del traductor; ese catálogo fue hojeado por Julius Rothe, uno de los jefes en cuyas manos estaba la suerte de Hladík. No hay hombre que, fuera de su especialidad, no sea crédulo; dos o tres adjetivos en letra gótica bastaron para que Julius Rothe admitiera la preeminencia de Hladík y dispusiera que lo condenaran a muerte, *pour encourager les autres*. Se fijó el día veintinueve de marzo, a las nueve a.m. Esa demora (cuya importancia apreciará después el lector) se debía al deseo administrativo de obrar impersonal y pausadamente, como los vegetales y los planetas.

1 **«Sepher Yezirah»:** das *Sepher Jezirah*; altjüdisches Werk, das auch im Talmud erwähnt wird, auch Buch der Schöpfung genannt und von Lazarus Goldschmidt 1894 erstmals ins Deutsche übersetzt. • 2 **Editorial Hermann Barsdorf:** Im Hermann Barsdorf Verlag in Berlin erschienen Anfang des 20. Jh.s u. a. die Werke von Sigmund Freud. • **efusivo/a:** überschwenglich. • 3 f. **el renombre:** guter Ruf, Renommee. • 4 **hojear:** durchblättern, überfliegen. • 6 **la suerte:** Glück, Schicksal. • 7 **crédulo/a:** leichtgläubig. • 8 **admitir:** zugeben; hier: bestätigen. • 9 **la preeminencia:** Vorrangstellung; hier (fig.): Bedeutung. • **disponer:** verfügen, anordnen. • 10 **«pour encourager les autres»** (fr.): um die anderen zu ermutigen (sich an die Regeln zu halten); Zitat aus Voltaires Roman *Candide* (1758), das vor allem in England gern in Zusammenhängen wie diesen benutzt wird, um eine Bestrafung zu beschreiben, deren Schwere in keinem Verhältnis zu der eigentlichen Tat steht. Voltaire schildert das Unglück des britischen Admirals John Byng, der von seinen eigenen Landsleuten zum Tode verurteilt wurde, weil er während des 7-jährigen Krieges Menorca, angeblich aus Nachlässigkeit, an die Franzosen fallen ließ. Das Urteil wurde als warnendes Beispiel für die englische Marine aufgefasst, im Kriegsfall höchsten Einsatz zu zeigen. • 11 f. **la demora:** Verzögerung. • 13 **obrar:** handeln. • 14 **pausadamente:** bedächtig.

El primer sentimiento de Hladík fue de mero terror. Pensó que no lo hubieran arredrado la horca, la decapitación o el degüello, pero que morir fusilado era intolerable. En vano se redijo que el acto puro y general de morir era lo temible, no las circunstancias concretas. No se cansaba de imaginar esas circunstancias: absurdamente procuraba agotar todas las variaciones. Anticipaba infinitamente el proceso, desde el insomne amanecer hasta la misteriosa descarga. Antes del día prefijado por Julius Rothe murió centenares de muertes, en patios cuyas formas y cuyos ángulos fatigaban la geometría, ametrallado por soldados variables, en número cambiante, que a veces lo ultimaban desde lejos; otras, muy cerca. Afrontaba con verdadero temor (quizá con verdadero coraje) esas ejecuciones imaginarias; cada simulacro duraba unos pocos segundos; cerrado el círculo, Jaromir interminablemente volvía a las trémulas vísperas de su muerte. Luego reflexionó que la realidad no suele coincidir

1 **mero/a:** bloß, rein. • 2 **arredrar:** zurückscheuen, zurückschrecken lassen. • **la horca:** Galgen. • 3 **la decapitación:** Enthauptung. • **el degüello:** Köpfen. • **fusilar:** standrechtlich erschießen. • 4 **en vano:** vergebens, umsonst (*vano/a:* vergeblich). • **redecir:** mit Nachdruck wiederholen, etwas immer wieder sagen. • 5 **temible:** furchterregend (*el temor:* Furcht, Angst). • 7 **procurar** (+ inf.): versuchen zu. • **agotar:** aus-, erschöpfen. • 8 **anticipar:** vorwegnehmen. • 9 **insomne:** schlaflos. • **la descarga:** Entladung, Salve. • 10 **prefijar:** im Vorfeld / vorher festlegen. • 10f. **los centenares:** Hunderte. • 11f. **el ángulo:** Winkel. • 12 **fatigar:** ermüden; hier: strapazieren. • **ametrallar:** mit einem Maschinengewehr erschießen. • 13f. **ultimar** (Am.): umbringen. • 14 **afrontar:** trotzen, gegenübertreten. • 15 **el coraje:** Mut. • 16 **el simulacro:** Übung; Trugbild. • 17f. **interminablemente:** endlos, unendlich. • 18 **trémulo/a:** zitternd. • **la víspera:** Vorabend, Vortag. • 19 **soler hacer algo:** etwas zu tun pflegen. • **coincidir:** sich decken, übereinstimmen.

con las previsiones; con lógica perversa infirió que prever un detalle circunstancial es impedir que éste suceda. Fiel a esa débil magia, inventaba, *para que no sucedieran,* rasgos atroces; naturalmente, acabó por temer que esos rasgos fueran proféticos. Miserable en la noche, procuraba afirmarse de algún modo en la sustancia fugitiva del tiempo. Sabía que éste se precipitaba hacia el alba del día veintinueve; razonaba en voz alta: *Ahora estoy en la noche del veintidós; mientras dure esta noche (y seis noches más) soy invulnerable, inmortal.* Pensaba que las noches de sueño eran piletas hondas y oscuras en las que podía sumergirse. A veces anhelaba con impaciencia la definitiva descarga, que lo redimiría, mal o bien, de su vana tarea de imaginar. El veintiocho, cuando el último ocaso reverberaba en los altos barrotes, lo desvió de esas consideraciones abyectas la imagen de su drama *Los enemigos.*

Hladík había rebasado los cuarenta años. Fuera de algunas amistades y de muchas costumbres, el proble-

1 **la previsión:** Vorhersage (*prever:* vorhersehen, -sagen). • **inferir:** schließen, folgern. • 2 **impedir:** verhindern. • 2f. **suceder:** geschehen, sich ereignen. • 3 **fiel:** (ge)treu. • 4 **el rasgo:** (Wesens-)Zug; hier etwa: Einzelheit, Detail. • **atroz:** grauenhaft, grässlich. • **acabar por hacer algo:** schließlich etwas tun. • 7 **fugitivo/a:** flüchtig, vergänglich. • 7f. **precipitarse hacia algo:** auf etwas zustürzen. • 8 **el alba** (f.): Morgendämmerung, Tagesanbruch. • **razonar:** überlegen, logisch denken. • 10 **invulnerable:** unverwundbar. • 11 **inmortal:** unsterblich. • **la pileta:** Becken. • 12 **sumergirse:** versinken. • 13 **anhelar algo:** sich nach etwas sehnen. • **la impaciencia:** Ungeduld. • 14 **redimir:** erlösen. • 15 **el ocaso:** Sonnenuntergang. • **reverberar:** reflektiert werden, zurückstrahlen. • 16 **el barrote:** (Eisen-)Stange. • **desviar:** umleiten; hier (fig.): ablenken. • 17 **abyecto/a:** schändlich, erbärmlich. • 18 **rebasar:** überschreiten.

mático ejercicio de la literatura constituía su vida; como todo escritor, medía las virtudes de los otros por lo ejecutado por ellos y pedía que los otros lo midieran por lo que vislumbraba o planeaba. Todos los libros que había dado a la estampa le infundían un complejo arrepentimiento. En sus exámenes de la obra de Boehme, de Abnesra y de Flood, había intervenido esencialmente la mera aplicación; en su traducción del *Sepher Yezirah,* la negligencia, la fatiga y la conjetura. Juzgaba menos deficiente, tal vez, la *Vindicación de la eternidad*: el primer volumen historia las diversas eternidades que han ideado los hombres, desde el inmóvil Ser de Parménides hasta el pasado modificable de Hinton; el segundo niega (con Francis Bradley) que

2 **la virtud:** Tugend. • 3 **ejecutar:** ausführen, leisten. • 4 **vislumbrar:** erahnen, mutmaßen. • 5 **la estampa:** Druck. • **infundir:** einflößen, geben. • **complejo/a:** komplex, vielschichtig. • 6 **el arrepentimiento:** Reue. • 7 **Abnesra:** Abn Esra (1098–1167); spanischer Rabbiner. • **Flood:** Robert Fludd (1574–1637); britischer Philosoph, Vertreter der hermetisch-kabbalistischen Tradition der Renaissance. • **intervenir:** hier etwa: maßgebend sein. • 8 **la aplicación:** hier: Fleiß. • 9 **la negligencia:** Nachlässigkeit. • **la conjetura:** Mutmaßung. • 10 **deficiente:** unzulänglich, mangelhaft. • 11 **historiar:** geschichtlich darstellen. • **diverso/a:** unterschiedlich. • 11 f. **la eternidad:** Ewigkeit. • 12 **idear:** ersinnen. • **inmóvil:** unbeweglich (*la inmovilidad:* Unbeweglichkeit, Bewegungslosigkeit). • 13 **Parménides:** Parmenides von Elea; griechischer Philosoph (etwa 535–475 v. Chr.), bedeutender Vorsokratiker, erhalten ist das Werk *Über das Sein.* • 14 **Hinton:** Charles Howard Hinton (1853–1907); britischer Mathematiker und Theosoph, der in seinem Werk *Scientific Romances* (1888) die Zeit als vierte Dimension beschrieb. Seine Thesen wurden von Albert Einstein in der Relativitätstheorie aufgegriffen. • **Bradley:** Francis Herbert Bradley (1846–1924); britischer Philosoph, der vor allem durch sein Werk *Ethical Studies* bekannt wurde, in dem er die Frage »Why should I be moral« aufwarf.

todos los hechos del universo integran una serie temporal. Arguye que no es infinita la cifra de las posibles experiencias del hombre y que basta una sola «repetición» para demostrar que el tiempo es una falacia … Desdichadamente, no son menos falaces los argumentos que demuestran esa falacia; Hladík solía recorrerlos con cierta desdeñosa perplejidad. También había redactado una serie de poemas expresionistas; éstos, para confusión del poeta, figuraron en una antología de 1924 y no hubo antología posterior que no los heredara. De todo ese pasado equívoco y lánguido quería redimirse Hladík con el drama en verso *Los enemigos*. (Hladík preconizaba el verso, porque impide que los espectadores olviden la irrealidad, que es condición del arte.)

Este drama observaba las unidades de tiempo, de lugar y de acción; transcurría en Hradcany, en la biblioteca del barón de Roemerstadt, en una de las últimas tardes del siglo diecinueve. En la primera escena del primer acto, un desconocido visita a Roemerstadt. (Un reloj da las siete, una vehemencia de último sol exalta los cristales, el aire trae una arrebatada y reconocible música húngara.) A esta visita siguen otras;

2 **argüir:** schließen, folgern. • **la cifra:** Ziffer, (An-)Zahl. • 4 **la falacia:** Täuschung, Trug (*falaz:* trügerisch). • 5 **desdichadamente:** unglücklicherweise. • 7 **desdeñoso/a:** hochmütig, geringschätzig. • 8 **redactar:** verfassen. • 9 **figurar:** erscheinen. • 11 **equívoco/a:** doppelsinnig, zweifelhaft. • **lánguido/a:** matt, kraftlos, schwach. • 13 **preconizar:** lobpreisen, befürworten. • 17 **transcurrir:** vergehen; hier: spielen. • **Hradcany:** der Hradschin; Stadtteil von Prag sowie Prager Burghügel. • 21 **dar las siete:** sieben Uhr schlagen. • 22 **exaltar:** verherrlichen; hier: leuchten lassen. • **arrebatado/a:** ungestüm, stürmisch.

Roemerstadt no conoce las personas que lo importunan, pero tiene la incómoda impresión de haberlos visto ya, tal vez en un sueño. Todos exageradamente lo halagan, pero es notorio – primero para los espectadores del drama, luego para el mismo barón – que son enemigos secretos, conjurados para perderlo. Roemerstadt logra detener o burlar sus complejas intrigas; en el diálogo, aluden a su novia, Julia de Weidenau, y a un tal Jaroslav Kubin, que alguna vez la importunó con su amor. Este, ahora, se ha enloquecido y cree ser Roemerstadt … Los peligros arrecian; Roemerstadt, al cabo del segundo acto, se ve en la obligación de matar a un conspirador. Empieza el tercer acto, el último. Crecen gradualmente las incoherencias: vuelven actores que parecían descartados ya de la trama; vuelve, por un instante, el hombre matado por Roemerstadt. Alguien hace notar que no ha atardecido: el reloj da las siete, en los altos cristales reverbera el sol occidental, el aire trae la arrebatada música húngara. Aparece el primer interlocutor y repite las palabras que pronunció en la primera escena del primer acto. Roemerstadt le habla sin asombro; el espectador entiende

1f. **importunar:** stören, belästigen. • 2 **incómodo/a:** unbehaglich. • 4 **halagar a alg.:** jdm. schmeicheln, jdn. umschmeicheln. • **notorio/a:** offenkundig. • 6 **conjurado/a:** verschworen. • **perder a alg.:** hier: jdn. zerstören, ruinieren. • 8 **aludir a:** anspielen auf. • 10 **enloquecerse:** verrückt werden. • 11 **arreciar:** heftiger werden, zunehmen. • 12 **al cabo de:** nach (*el cabo:* Ende). • 14 **gradualmente:** allmählich. • **la incoherencia:** Inkohärenz, Zusammenhanglosigkeit, Widersinnigkeit. • 15 **descartar:** ausschließen, ausscheiden. • **la trama:** Handlung. • 18f. **occidental:** abendländisch, westlich. • 20 **el interlocutor / la interlocutora:** Gesprächspartner(in). • 22 **el asombro:** Erstaunen (*asombrar a alg.:* jdn. in Erstaunen versetzen).

que Roemerstadt es el miserable Jaroslav Kubin. El drama no ha ocurrido: es el delirio circular que interminablemente vive y revive Kubin.

Nunca se había preguntado Hladík si esa tragicomedia de errores era baladí o admirable, rigurosa o casual. En el argumento que he bosquejado intuía la invención más apta para disimular sus defectos y para ejercitar sus felicidades, la posibilidad de rescatar (de manera simbólica) lo fundamental de su vida. Había terminado ya el primer acto y alguna escena del tercero; el carácter métrico de la obra le permitía examinarla continuamente, rectificando los hexámetros, sin el manuscrito a la vista. Pensó que aún le faltaban dos actos y que muy pronto iba a morir. Habló con Dios en la oscuridad. *Si de algún modo existo, si no soy una de tus repeticiones y erratas, existo como autor de* Los enemigos. *Para llevar a término ese drama, que puede justificarme y justificarte, requiero un año más. Otórgame esos días, Tú de Quien son los siglos y el tiempo.* Era la última noche, la más atroz, pero diez minutos después el sueño lo anegó como un agua oscura.

Hacia el alba, soñó que se había ocultado en una de

5 **baladí:** nichtig, belanglos. • **riguroso/a:** genau, präzise. • 6 **casual:** zufällig. • **bosquejar:** skizzieren, entwerfen. • **intuir:** intuitiv wissen, erkennen. • 7 **apto/a:** geeignet. • **disimular:** verstecken, verbergen. • 8 **ejercitar:** ausüben; hier: spielen lassen. • 12 **rectificar:** berichtigen, verbessern. • **el hexámetro:** Hexameter, klassisches Versmaß der epischen Dichtung. • 16 **la errata:** (Druck-)Fehler. • 17 **llevar a término:** zu Ende bringen. • 18 **requerir:** erfordern, verlangen. • 19 **otorgar:** verleihen, gewähren. • 21 **anegar:** überschwemmen; hier etwa: umgeben. • 23 **ocultarse:** sich verstecken, verborgen halten.

las naves de la biblioteca del Clementinum. Un bibliotecario de gafas negras le preguntó: *¿Qué busca?* Hladík le replicó: *Busco a Dios.* El bibliotecario le dijo: *Dios está en una de las letras de una de las páginas de uno de los cuatrocientos mil tomos del Clementinum. Mis padres y los padres de mis padres han buscado esa letra; yo me he quedado ciego buscándola.* Se quitó las gafas y Hladík vio los ojos, que estaban muertos. Un lector entró a devolver un atlas. *Este atlas es inútil,* dijo, y se lo dio a Hladík. Este lo abrió al azar. Vio un mapa de la India, vertiginoso. Bruscamente seguro, tocó una de las mínimas letras. Una voz ubicua le dijo: *El tiempo de tu labor ha sido otorgado.* Aquí Hladík se despertó.

Recordó que los sueños de los hombres pertenecen a Dios y que Maimónides ha escrito que son divinas las palabras de un sueño, cuando son distintas y claras y no se puede ver quién las dijo. Se vistió; dos soldados entraron en la celda y le ordenaron que los siguiera.

Del otro lado de la puerta, Hladík había previsto un laberinto de galerías, escaleras y pabellones. La realidad fue menos rica: bajaron a un traspatio por una so-

1 **la nave:** (Kirchen-)Schiff; hier: Gang. • **Clementinum:** ehemaliges Jesuitenkolleg in der Altstadt von Prag; beherbergt heute die Tschechische Nationalbibliothek. • 3 **replicar:** erwidern. • 9 **devolver:** zurückgeben. • 10 **al azar:** aufs Geratewohl (*el azar:* Zufall). • 11 **vertiginoso/a:** schwindelig, Schwindel erregend (*el vértigo:* Schwindel). • **bruscamente:** plötzlich, jäh. • 12 **ubicuo/a:** allgegenwärtig. • 16 **Maimónides:** Moses Maimonides (um 1135–1204); bedeutender jüdischer Gelehrter. • **divino/a:** göttlich. • 19 **la celda:** Zelle. • 22 **el pabellón:** Pavillon, Seitengebäude, Flügel. • 23 **el traspatio** (Am.): Hinterhof.

la escalera de fierro. Varios soldados – alguno de uniforme desabrochado – revisaban una motocicleta y la discutían. El sargento miró el reloj: eran las ocho y cuarenta y cuatro minutos. Había que esperar que dieran las nueve. Hladík, más insignificante que desdichado, se sentó en un montón de leña. Advirtió que los ojos de los soldados rehuían los suyos. Para aliviar la espera, el sargento le entregó un cigarrillo. Hladík no fumaba; lo aceptó por cortesía o por humildad. Al encenderlo, vio que le temblaban las manos. El día se nubló; los soldados hablaban en voz baja como si él ya estuviera muerto. Vanamente, procuró recordar a la mujer cuyo símbolo era Julia de Weidenau …

El piquete se formó, se cuadró. Hladík, de pie contra la pared del cuartel, esperó la descarga. Alguien temió que la pared quedara maculada de sangre; entonces le ordenaron al reo que avanzara unos pasos. Hladík, absurdamente, recordó las vacilaciones preliminares de los fotógrafos. Una pesada gota de lluvia rozó una de las sienes de Hladík y rodó lentamente por su mejilla; el sargento vociferó la orden final.

El universo físico se detuvo.

1 **el fierro** (Am.): *el hierro*. • 2 **desabrochar:** aufknöpfen. • **revisar:** überprüfen, überholen. • 3 **el sargento:** Unteroffizier, Feldwebel. • 5 **insignificante:** unbedeutend. • 6 **advertir:** bemerken. • 7 **rehuir algo:** etwas meiden, einer Sache ausweichen. • **aliviar:** erleichtern. • 9 **la cortesía:** Höflichkeit. • **la humildad:** Bescheidenheit, Demut. • 10f. **nublarse:** sich bewölken. • 14 **el piquete (de ejecución):** Exekutionskommando. • **cuadrarse:** Haltung annehmen. • 16 **macular:** beflecken. • 17 **el reo / la rea:** Angeklagte(r). • 18 **la vacilación preliminar:** anfängliches Zögern. • 20 **rozar:** streifen, leicht berühren. • **la sien:** Schläfe. • **rodar:** (herunter)rollen. • 21 **la mejilla:** Wange. • **vociferar:** brüllen.

Las armas convergían sobre Hladík pero los hombres que iban a matarlo estaban inmóviles. El brazo del sargento eternizaba un ademán inconcluso. En una baldosa del patio una abeja proyectaba una sombra fija. El viento había cesado, como en un cuadro. Hladík ensayó un grito, una sílaba, la torsión de una mano. Comprendió que estaba paralizado. No le llegaba ni el más tenue rumor del impedido mundo. Pensó *estoy en el infierno, estoy muerto*. Pensó *estoy loco*. Pensó *el tiempo se ha detenido*. Luego reflexionó que en tal caso, también se hubiera detenido su pensamiento. Quiso ponerlo a prueba: repitió (sin mover los labios) la misteriosa cuarta égloga de Virgilio. Imaginó que los ya remotos soldados compartían su angustia; anheló comunicarse con ellos. Le asombró no sentir ninguna fatiga, ni siquiera el vértigo de su larga inmovilidad. Durmió, al cabo de un plazo indeterminado. Al despertar, el mundo seguía inmóvil y sordo. En su mejilla perduraba la gota de agua; en el patio, la sombra de la abeja; el humo del cigarrillo que había tirado no acababa nunca de dispersarse. Otro «día» pasó, antes que Hladík entendiera.

1 **convergir sobre alg.:** auf jdn. zielen. • 3 **eternizar:** verewigen. • **el ademán:** Gebärde. • 4 **la baldosa:** Fliese, Platte. • **proyectar:** projizieren. • 6 **ensayar:** versuchen, (aus)probieren. • **la sílaba:** Silbe. • **la torsión:** Drehung. • 7 **paralizar:** lähmen. • 8 **tenue:** zart, schwach. • **el rumor:** Geräusch. • **impedido/a:** behindert; hier: gelähmt. • 12 **la prueba:** Probe; hier: Beweis. • 13 **la égloga:** Ekloge, Hirtengedicht. • **Virgilio:** Vergil (70–19 v. Chr.); römischer Dichter, verfasste das Versepos *Aeneis*. • 14 **remoto/a:** fern. • **compartir:** teilen. • 15 **la angustia:** Beklemmung, Angst. • 17 **el plazo:** Frist, Laufzeit. • 17 f. **indeterminado/a:** unbestimmt. • 19 **sordo/a:** taub. • **perdurar:** andauern, bestehen bleiben. • 21 **tirar:** wegwerfen. • **dispersarse:** verwehen, verflüchtigen.

Un año entero había solicitado de Dios para terminar su labor: un año le otorgaba su omnipotencia. Dios operaba para él un milagro secreto: lo mataría el plomo alemán, en la hora determinada, pero en su mente un año transcurría entre la orden y la ejecución de la orden. De la perplejidad pasó al estupor, del estupor a la resignación, de la resignación a la súbita gratitud.

No disponía de otro documento que la memoria; el aprendizaje de cada hexámetro que agregaba le impuso un afortunado rigor que no sospechan quienes aventuran y olvidan párrafos interinos y vagos. No trabajó para la posteridad ni aun para Dios, de cuyas preferencias literarias poco sabía. Minucioso, inmóvil, secreto, urdió en el tiempo su alto laberinto invisible. Rehizo el tercer acto dos veces. Borró algún símbolo demasiado evidente: las repetidas campanadas, la música. Ninguna circunstancia lo importunaba. Omitió, abrevió, amplificó; en algún caso, optó por la versión primitiva. Llegó a querer el patio, el cuartel; uno de los rostros que lo enfrentaban modificó su concepción

1 **solicitar:** ersuchen, erbitten. • 2 **la omnipotencia:** Allmacht. • 3 **operar:** hier: vollziehen, vollbringen. • 3f. **el plomo:** Blei. • 4 **la mente:** Verstand, Geist. • 6 **el estupor:** Verblüffung, Erstaunen. • 7 **súbito/a:** plötzlich. • **la gratitud:** Dankbarkeit. • 9 **el aprendizaje:** Lehre: hier: Erlernen. • **agregar:** hinzufügen. • 9f. **imponer:** auferlegen. • 10 **afortunado/a:** glücklich, Glück bringend. • **el rigor:** Strenge. • 11 **aventurar:** riskieren, wagen. • **interino/a:** vorläufig. • 12 **la posteridad:** Nachwelt. • 14 **urdir:** anzetteln; hier: spinnen. • **invisible:** unsichtbar. • 16 **la campanada:** Glockenschlag. • 17 **omitir:** auslassen, weglassen. • 18 **abreviar:** verkürzen. • **amplificar:** erweitern. • **optar por algo:** etwas wählen, sich für etwas entscheiden. • 19 **llegar a querer algo:** etwas lieben lernen. • 20 **el rostro:** Gesicht. • **enfrentar a alg.:** jdm. gegenüberstehen.

del carácter de Roemerstadt. Descubrió que las arduas cacofonías que alarmaron tanto a Flaubert son meras supersticiones visuales: debilidades y molestias de la palabra escrita, no de la palabra sonora ... Dio término a su drama: no le faltaba ya resolver sino un solo epíteto. Lo encontró; la gota de agua resbaló en su mejilla. Inició un grito enloquecido, movió la cara, la cuádruple descarga lo derribó.

Jaromir Hladík murió el veintinueve de marzo, a las nueve y dos minutos de la mañana.

1943; *Ficciones*, 1944

1f. **arduo/a:** mühsam, beschwerlich. • 2 **la cacofonía:** Kakophonie, Missklang (unangenehm klingende Laut- oder Wortfolge). • 3 **la superstición:** Aberglaube. • **la debilidad:** Schwäche. • 4 **sonoro/a:** akustisch, klingend. • 6 **el epíteto:** Epitheton, Beiwort. • **resbalar:** rutschen, gleiten. • 8 **cuádruple:** vierfach. • **derribar:** niederwerfen.

El libro de arena

... thy rope of sands ...
George Herbert (1593–1623)

La línea consta de un número de puntos; el plano, de un número infinito de líneas; el volumen, de un número infinito de planos; el hipervolumen, de un número infinito de volúmenes ... No, decididamente no es éste, *more geometrico*, el mejor modo de iniciar mi relato. Afirmar que es verídico es ahora una convención de todo relato fantástico; el mío, sin embargo, *es* verídico.

Yo vivo solo, en un cuarto piso de la calle Belgrano. Hará unos meses, al atardecer, oí un golpe en la puerta. Abrí y entró un desconocido. Era un hombre alto, de rasgos desdibujados. Acaso mi miopía los vio así. Todo su aspecto era de pobreza decente.

3 **George Herbert:** Vertreter der metaphysischen Dichtung des 17. Jh.s, das Zitat stammt aus seinem Gedicht »The Collar«. • 4 **constar de:** bestehen aus. • **el plano:** Ebene. • 5 **infinito/a:** unendlich. • 6 **el hipervolumen:** Hyperraum. • 8 **more geometrico** (lat.): nach der geometrischen Methode; bezeichnet eine Darstellung bzw. Methode der Philosophie, die nach der euklidischen Geometrie deduktiv vorgeht, d.h. von Grundsätzen und Axiomen ausgeht, diese beweist und Folgerungen daraus schließt. René Descartes und Baruch de Spinoza waren Vertreter dieser Methode. • 9 **verídico/a:** wahr, wirklich. • 11 **la calle Belgrano:** Straße im Zentrum von Buenos Aires. • 12 **el atardecer:** Abenddämmerung, Anbruch der Nacht. • 14 **el rasgo:** Gesichtszug. • **desdibujado/a:** verschwommen, unscharf. • **acaso** (adv.): vielleicht, möglicherweise. • **la miopía:** Kurzsichtigkeit. • 15 **decente:** anständig.

Estaba de gris y traía una valija gris en la mano. En seguida sentí que era extranjero. Al principio lo creí viejo; luego advertí que me había engañado su escaso pelo rubio, casi blanco, a la manera escandinava. En el curso de nuestra conversación, que no duraría una hora, supe que procedía de las Orcadas.

Le señalé una silla. El hombre tardó un rato en hablar. Exhalaba melancolía, como yo ahora.

– Vendo biblias – me dijo.

No sin pedantería le contesté:

– En esta casa hay algunas biblias inglesas, incluso la primera, la de John Wiclif. Tengo asimismo la de Cipriano de Valera, la de Lutero, que literariamente es la peor, y un ejemplar latino de la Vulgata. Como usted ve, no son precisamente biblias lo que me falta.

Al cabo de un silencio me contestó:

– No sólo vendo biblias. Puedo mostrarle un libro

1 **la valija** (Am.): Koffer. • 2 **al principio:** zu Beginn, am Anfang. • 3 **advertir:** bemerken. • 4 **escaso/a:** spärlich. • 6 **proceder de:** stammen aus. • 7 **las Orcadas:** die Orkneyinseln, schottischer Archipel bestehend aus der Hauptinsel Mainland und etwa 100 kleineren Inseln. • 9 **exhalar:** ausströmen, ausstrahlen. • 11 **la pedantería:** Besserwisserei, Pedanterie. • 13 **Wiclif:** John Wycliff (um 1330–84); englischer Theologe und Kirchenreformer, der 1383 als erster die Vulgata (s.u.) ins Englische übersetzte. • **asimismo** (adv.): auch, ebenfalls. • 14 **Cipriano de Valera:** spanischer Humanist (1532–1602), der die bis dahin gebräuchliche spanische Bibelübersetzung revidierte. • **Lutero:** Martin Luther. • 15f. **Vulgata:** lateinischer Bibeltext, den Hieronymus in den Jahren 382–393 n. Chr. aus dem Altgriechischen übersetzte und der die bis dahin gebräuchliche Vetus Latina ablöste. • 18 **al cabo de:** nach (*el cabo:* Ende).

sagrado que tal vez le interese. Lo adquirí en los confines de Bikanir.

Abrió la valija y lo dejó sobre la mesa. Era un volumen en octavo, encuadernado en tela. Sin duda había pasado por muchas manos. Lo examiné; su inusitado peso me sorprendió. En el lomo decía *Holy Writ* y abajo *Bombay*.

– Será del siglo diecinueve – observé.

– No lo sé. No lo he sabido nunca – fue la respuesta.

Lo abrí al azar. Los caracteres me eran extraños. Las páginas, que me parecieron gastadas y de pobre tipografía, estaban impresas a dos columnas a la manera de una biblia. El texto era apretado y estaba ordenado en versículos. En el ángulo superior de las páginas había cifras arábigas. Me llamó la atención que la página par llevara el número (digamos) 40.514 y la impar, la siguiente, 999. La volví, el dorso estaba numerado con ocho cifras. Llevaba una pequeña ilustración, como es de uso en los diccionarios: un ancla di-

1 **adquirir:** erlangen, erwerben. • 1f. **el confín:** Grenze (meistens Plural). • 2 **Bikanir:** Bikaner; ehemaliger indischer Fürstenstaat mit gleichnamiger Stadt, der heute Teil von Rajastan ist und hauptsächlich in der Thar-Wüste liegt. • 3f. **el volumen:** hier: Band (Buch). • 4 **el octavo:** Oktavformat; altes Papier- bzw. Buchformat. • **encuadernar:** einbinden. • 5 **inusitado/a:** ungewöhnlich. • 6 **el lomo:** (Buch-)Rücken. • **Holy Writ** (ingl.): Heilige Schrift. • 7 **Bombay:** Mumbai; Hauptstadt des indischen Bundesstaates Maharashtra. • 10 **al azar:** aufs Geratewohl (*el azar:* Zufall). • **el carácter:** hier: Schriftzeichen, Buchstabe. • 11 **gastar:** abnutzen, verschleißen. • 12 **la tipografía:** hier: Hochdruck; ältestes Druckverfahren. • 13 **apretado/a:** dicht. • 14 **el versículo:** (Bibel-)Vers. • **el ángulo:** Winkel; hier: Ecke. • 15 **la cifra:** Ziffer, Zahl. • **arábigo/a:** arabisch. • 17 **(im)par:** (un)gerade. • **volver:** hier: umdrehen. • **el dorso:** Rücken, Rückseite. • 19 **el ancla** (f.): Anker.

bujada a la pluma, como por la torpe mano de un niño.

Fue entonces que el desconocido me dijo:

– Mírela bien. Ya no la verá nunca más.

Había una amenaza en la afirmación, pero no en la voz.

Me fijé en el lugar y cerré el volumen. Inmediatamente lo abrí. En vano busqué la figura del ancla, hoja tras hoja. Para ocultar mi desconcierto, le dije:

– Se trata de una versión de la Escritura en alguna lengua indostánica, ¿no es verdad?

– No – me replicó.

Luego bajó la voz como para confiarme un secreto:

– Lo adquirí en un pueblo de la llanura, a cambio de unas rupias y de la Biblia. Su poseedor no sabía leer. Sospecho que en el Libro de los Libros vio un amuleto. Era de la casta más baja; la gente no podía pisar su sombra, sin contaminación. Me dijo que su libro se llamaba el Libro de Arena, porque ni el libro ni la arena tienen ni principio ni fin.

Me pidió que buscara la primera hoja.

Apoyé la mano izquierda sobre la portada y abrí con el dedo pulgar casi pegado al índice. Todo fue in-

1 **torpe:** ungeschickt. • 5 **la amenaza:** Drohung. • **la afirmación:** Behauptung. • 7 f. **inmediatamente:** sofort, unverzüglich. • 8 **en vano:** vergebens, umsonst. • 9 **ocultar algo:** etwas verbergen, verheimlichen. • **el desconcierto:** Verlorenheit, Verwirrung. • 10 **la Escritura:** die Heilige Schrift. • 11 **indostánico/a:** hindustanisch. • 14 **la llanura:** Ebene, Flachland. • 15 **el rupia:** Rupie. • **el poseedor / la poseedora:** Besitzer(in). • 18 **la contaminación:** Verseuchung, Verschmutzung. • 20 **el principio:** Anfang, Beginn. • 22 **la portada:** Titelblatt. • 23 **el (dedo) pulgar:** Daumen. • **el índice:** Inhaltsverzeichnis.

útil: siempre se interponían varias hojas entre la portada y la mano. Era como si brotaran del libro.

– Ahora busque el final.

También fracasé; apenas logré balbucear con una voz que no era la mía:

– Esto no puede ser.

Siempre en voz baja el vendedor de biblias me dijo:

– No puede ser, pero *es*. El número de páginas de este libro es exactamente infinito. Ninguna es la primera; ninguna, la última. No sé por qué están numeradas de ese modo arbitrario. Acaso para dar a entender que los términos de una serie infinita admiten cualquier número.

Después, como si pensara en voz alta:

– Si el espacio es infinito estamos en cualquier punto del espacio. Si el tiempo es infinito estamos en cualquier punto del tiempo.

Sus consideraciones me irritaron. Le pregunté:

– ¿Usted es religioso, sin duda?

– Sí, soy presbiteriano. Mi conciencia está clara. Estoy seguro de no haber estafado al nativo cuando le di la Palabra del Señor a trueque de su libro diabólico.

Le aseguré que nada tenía que reprocharse, y le pregunté si estaba de paso por estas tierras. Me res-

1 **interponerse:** sich dazwischenschieben, -setzen. • 2 **brotar:** aufkeimen, hervorquellen. • 4 **fracasar:** scheitern. • **balbucear:** stottern, stammeln. • 11 **arbitrario/a:** beliebig, willkürlich. • 12 **admitir:** zugeben; hier: zulassen. • 15 **el espacio:** Raum. • 18 **irritar:** reizen, ärgern. • 21 **estafar:** betrügen. • **el nativo / la nativa:** Einheimische(r). • 22 **la Palabra del Señor:** das Wort Gottes. • **a trueque de:** im Tausch gegen. • **diabólico/a:** teuflisch. • 23 **reprocharse algo:** sich etwas vorwerfen. • 24 **estar de paso:** auf der Durchreise sein.

pondió que dentro de unos días pensaba regresar a su patria. Fue entonces cuando supe que era escocés, de las islas Orcadas. Le dije que a Escocia yo la quería personalmente por el amor de Stevenson y de Hume.

– Y de Robbie Burns – corrigió.

Mientras hablábamos yo seguía explorando el libro infinito. Con falsa indiferencia le pregunté:

– ¿Usted se propone ofrecer este curioso espécimen al Museo Británico?

– No. Se lo ofrezco a usted – me replicó, y fijó una suma elevada.

Le respondí, con toda verdad, que esa suma era inaccesible para mí y me quedé pensando. Al cabo de unos pocos minutos había urdido mi plan.

– Le propongo un canje – le dije – . Usted obtuvo este volumen por unas rupias y por la Escritura Sagrada; yo le ofrezco el monto de mi jubilación, que acabo de cobrar, y la Biblia de Wiclif en letra gótica. La heredé de mis padres.

– A black letter Wiclif! – murmuró.

2 **el escocés / la escosesa:** Schotte/Schottin. • 4 **Stevenson:** Robert Louis Stevenson (1850–94); schottischer Schriftsteller des viktorianischen Zeitalters. Sein bekanntestes Werk ist *Die Schatzinsel*. • **Hume:** David Hume (1711–76); schottischer Philosoph und Historiker, Vertreter der britischen Aufklärung und des Empirismus. • 5 **Burns:** Robert Burns (1759–96); schottischer Schriftsteller und Dichter, sein bekanntestes Lied ist »Auld Lang Syne«. • 6 **explorar:** erforschen, untersuchen. • 7 **la indiferencia:** Gleichgültigkeit. • 8 **ofrecer:** anbieten. • **el espécimen:** Exemplar. • 11 **elevado/a:** hoch. • 12f. **inaccesible:** unerreichbar; hier: unbezahlbar. • 14 **urdir:** anzetteln, ersinnen. • 15 **el canje:** Tausch. • 17 **el monto:** Summe, Gesamtbetrag. • **la jubilación:** Rente, Pension (*jubilarse:* in Rente/Pension gehen). • 20 **black letter** (ingl.): hier: die in England vom 12. bis zum 17. Jh. verwendete gotische Schrift.

Fui a mi dormitorio y le traje el dinero y el libro. Volvió las hojas y estudió la carátula con fervor de bibliófilo.

– Trato hecho – me dijo.

Me asombró que no regateara. Sólo después comprendería que había entrado en mi casa con la decisión de vender el libro. No contó los billetes, y los guardó.

Hablamos de la India, de las Orcadas y de los *jarls* noruegos que las rigieron. Era de noche cuando el hombre se fue. No he vuelto a verlo ni sé su nombre.

Pensé guardar el Libro de Arena en el hueco que había dejado el Wiclif, pero opté al fin por esconderlo detrás de unos volúmenes descabalados de Las Mil y Una Noches.

Me acosté y no dormí. A las tres o cuatro de la mañana prendí la luz. Busqué el libro imposible, y volví las hojas. En una de ellas vi grabada una máscara. El ángulo llevaba una cifra, ya no sé cuál, elevada a la novena potencia.

No mostré a nadie mi tesoro. A la dicha de poseerlo

2 **la carátula:** Titelblatt. • **el fervor:** Inbrunst, Eifer. • 2f. **el bibliófilo / la bibliófila:** Bibliophile(r), Bücherliebhaber(in). • 4 **trato hecho:** abgemacht! (*el trato:* Vereinbarung, Geschäft). • 5 **asombrar a alg.:** jdn. in Erstaunen versetzen. • **regatear:** handeln, feilschen. • 9 **el jarl:** Jarl; nordischer Fürstentitel (bis die Orkneyinseln 1469 unter die Oberhoheit Schottlands gerieten, regierten dort die norwegischen Jarls). • 10 **regir:** regieren. • 13 **el hueco:** Lücke. • 14 **optar por** (+ inf.): sich dafür entscheiden zu. • 15 **descabalado/a:** zusammengestückelt. • **Las Mil y Una Noches:** Tausendundeine Nacht (Sammlung morgenländischer Erzählungen). • 18 **prender** (Am.): anzünden, anmachen. • 19 **grabar:** (ein)gravieren. • 22 **la dicha:** Glück.

se agregó el temor de que lo robaran, y después el recelo de que no fuera verdaderamente infinito. Esas dos inquietudes agravaron mi ya vieja misantropía. Me quedaban unos amigos; dejé de verlos. Prisionero del Libro, casi no me asomaba a la calle. Examiné con una lupa el gastado lomo y las tapas, y rechacé la posibilidad de algún artificio. Comprobé que las pequeñas ilustraciones distaban dos mil páginas una de otra. Las fui anotando en una libreta alfabética, que no tardé en llenar. Nunca se repitieron. De noche, en los escasos intervalos que me concedía el insomnio, soñaba con el libro.

Declinaba el verano, y comprendí que el libro era monstruoso. De nada me sirvió considerar que no menos monstruoso era yo, que lo percibía con ojos y lo palpaba con diez dedos con uñas. Sentí que era un objeto de pesadilla, una cosa obscena que infamaba y corrompía la realidad.

Pensé en el fuego, pero temí que la combustión de un libro infinito fuera parejamente infinita y sofocara de humo al planeta.

1 **agregarse:** hinzukommen, sich dazugesellen. • **el temor:** Furcht, Angst. • 1 f. **el recelo:** Argwohn, Misstrauen. • 3 **la inquietud:** Beunruhigung, Sorge. • **agravar:** verschlimmern. • **la misantropía:** Menschenfeindlichkeit. • 5 **asomarse:** erscheinen, sich zeigen. • 6 **rechazar:** ablehnen, von sich weisen. • 7 **el artificio:** Kunstgriff, Kniff; hier: Blendwerk, Trug. • 8 **distar:** entfernt sein. • 9 **anotar:** notieren, eintragen. • 11 **conceder:** zugestehen, gewähren. • **el insomnio:** Schlaflosigkeit. • 13 **declinar:** nachlassen, zu Ende gehen. • 16 **palpar:** (be)tasten, anfassen. • **la uña:** (Finger-, Fuß-)Nagel. • 17 **la pesadilla:** Alptraum. • **infamar:** schänden. • 17 f. **corromper:** verderben, entstellen. • 19 **la combustión:** Verbrennung. • 20 **parejamente:** ebenfalls, genauso. • **sofocar:** ersticken.

Recordé haber leído que el mejor lugar para ocultar una hoja es un bosque. Antes de jubilarme trabajaba en la Biblioteca Nacional, que guarda novecientos mil libros; sé que a mano derecha del vestíbulo una escalera curva se hunde en el sótano, donde están los periódicos y los mapas. Aproveché un descuido de los empleados para perder el Libro de Arena en uno de los húmedos anaqueles. Traté de no fijarme a qué altura ni a qué distancia de la puerta.

Siento un poco de alivio, pero no quiero ni pasar por la calle México.

El libro de arena, 1975

4 **el vestíbulo:** Eingangshalle, Vorraum. • 5 **curvo/a:** gebogen, gewunden. • **hundirse:** versinken; hier (fig.): hinunterführen. • 6 **aprovechar:** (aus)nutzen. • **el descuido:** Unachtsamkeit, Nachlässigkeit. • 8 **el anaquel:** Regal(brett). • 10 **el alivio:** Erleichterung. • 11 **la calle México:** Straße im Zentrum von Buenos Aires, in der sich im 19. Jh. die argentinische Nationalbibliothek befand.

El otro

El hecho ocurrió en el mes de febrero de 1969, al norte de Boston, en Cambridge. No lo escribí inmediatamente porque mi primer propósito fue olvidarlo, para no perder la razón. Ahora, en 1972, pienso que si lo escribo, los otros lo leerán como un cuento y, con los años, lo será tal vez para mí.

Sé que fue casi atroz mientras duró y más aún durante las desveladas noches que lo siguieron. Ello no significa que su relato pueda conmover a un tercero.

Serían las diez de la mañana. Yo estaba recostado en un banco, frente al río Charles. A unos quinientos metros a mi derecha había un alto edificio, cuyo nombre no supe nunca. El agua gris acarreaba largos trozos de hielo. Inevitablemente, el río hizo que yo pensara en el tiempo. La milenaria imagen de Heráclito. Yo había dormido bien; mi clase de la tarde anterior había logrado, creo, interesar a los alumnos. No había un alma a la vista.

3f. **inmediatamente:** sofort, unverzüglich. • 4 **el propósito:** Absicht, Vorhaben. • 8 **atroz:** grausam. • 9 **desvelado/a:** wach, schlaflos. • 10 **conmover:** bewegen, erschüttern. • 11 **recostarse en algo:** sich an/auf etwas lehnen. • 14 **acarrear:** transportieren, mit sich führen. • 15 **inevitablemente:** unweigerlich. • 16 **milenario/a:** tausendjährig. • **Heráclito:** Heraklit von Ephesos (etwa 535–480 v. Chr.); vorsokratischer griechischer Philosoph, demzufolge sich alles in beständigem Wandel befindet (»panta rhei« – »alles fließt«). • 18 **había logrado** (+ inf.): ihm war es gelungen, er hatte es geschafft zu.

Sentí de golpe la impresión (que según los psicólogos corresponde a los estados de fatiga) de haber vivido ya aquel momento. En la otra punta de mi banco alguien se había sentado. Yo hubiera preferido estar solo, pero no quise levantarme en seguida, para no mostrarme incivil. El otro se había puesto a silbar. Fue entonces cuando ocurrió la primera de las muchas zozobras de esa mañana. Lo que silbaba, lo que trataba de silbar (nunca he sido muy entonado), era el estilo criollo de *La tapera* de Elías Regules. El estilo me retrajo a un patio, que ha desaparecido, y a la memoria de Alvaro Melián Lafinur, que hace tantos años ha muerto. Luego vinieron las palabras. Eran las de la décima del principio. La voz no era la de Alvaro, pero quería parecerse a la de Alvaro. La reconocí con horror.

Me le acerqué y le dije:

– Señor, ¿usted es oriental o argentino?

6 **incivil:** unzivilisiert, ungesittet. • **silbar:** pfeifen. • 7f. **la zozobra:** Beunruhigung, Aufregung. • 9 **ser entonado/a:** richtig singen / den Ton halten können (*entonar algo:* etwas anstimmen). • 9f. **el estilo criollo:** nach kreolischer Art und Weise (vgl. S. 45). • 10 **la tapera** (Am.): Hütte. • **Elías Regules:** uruguayischer Politiker, Arzt und Schriftsteller (1861–1929); wurde vor allem durch seine nativistischen Gedichte und Dramen bekannt. Sein noch heute vielzitiertes Gedicht »Mi Tapera« ist eine Art Ode an den Gaucho. Regules war einer der Gründer der *Sociedad Criollo*, die die hispanische Kultur der Region pflegen sollte und die noch heute seinen Namen trägt. • 10f. **retraer a alg.:** jdn. zurückbringen, zurückversetzen. • 11 **desaparecer:** verschwinden. • 12 **Alvaro Melián Lafinur:** Borges' Cousin, Mitglied der *Academia de las Letras*, Tangoliebhaber und Lebemann. • 14 **la décima:** Dezime, zehnzeilige Strophe. • 14 **el principio:** Anfang, Beginn. • 17 **acercarse:** sich nähern, näher rücken.

– Argentino, pero desde el catorce vivo en Ginebra – fue la contestación.

Hubo un silencio largo. Le pregunté:

– ¿En el número dicisiete de Malagnou, frente a la iglesia rusa?

Me contestó que sí.

– En tal caso – le dije resueltamente – usted se llama Jorge Luis Borges. Yo también soy Jorge Luis Borges. Estamos en 1969, en la ciudad de Cambridge.

– No – me respondió con mi propia voz un poco lejana.

Al cabo de un tiempo insistió:

– Yo estoy aquí en Ginebra, en un banco, a unos pasos del Ródano. Lo raro es que nos parecemos, pero usted es mucho mayor, con la cabeza gris.

Yo le contesté:

– Puedo probarte que no miento. Voy a decirte cosas que no puede saber un desconocido. En casa hay un mate de plata con un pie de serpientes, que trajo del Perú nuestro bisabuelo. También hay una palangana de plata, que pendía del arzón. En el armario de tu cuarto hay dos filas de libros. Los tres volúmenes de *Las mil y*

1 **Ginebra:** Genf. • 4 **Malagnou:** Straße und gleichnamiger Park in Genf. • 7 **resueltamente:** energisch, entschlossen, resolut. • 10f. **lejano/a:** fern, entfernt. • 12 **al cabo de:** nach (*el cabo:* Ende). • 14 **el Ródano:** Rhône (Fluss). • 17 **probar:** hier: beweisen, belegen. • 19 **el mate:** Matetee (argentinisches Nationalgetränk, vgl. S. 5); hier: Mategefäß. • 20 **el bisabuelo / la bisabuela:** Urgroßvater/Urgroßmutter. • **la palangana** (Am.): Schüssel. • 21 **pender:** (herab)hängen. • **el arzón:** Sattelbaum (Teil eines Reitsattels). • 22 **la fila:** Reihe. • 22f. **«Las mil y una noches»:** Tausendundeine Nacht (Sammlung morgenländischer Erzählungen).

una noches de Lane, con grabados en acero y notas en cuerpo menor entre capítulo y capítulo, el diccionario latino de Quicherat, la Germania de Tácito en latín y en la versión de Gordon, un Don Quijote de la casa Garnier, las *Tablas de Sangre* de Rivera Indarte, con la dedicatoria del autor, el *Sartor Resartus* de Carlyle, una biografía de Amiel y, escondido detrás de los demás, un libro en rústica sobre las costumbres sexuales de los pueblos balkánicos. No he olvidado tampoco un atardecer en un primer piso de la plaza Dubourg.

– Dufour – corrigió.

– Está bien. Dufour. ¿Te basta con todo eso?

– No – respondió –. Esas pruebas no prueban nada.

1 **Lane:** Edward William Lane (1801–76); britischer Orientalist, der die Geschichten aus Tausendundeiner Nacht ins Englische übersetzte. • **el grabado en acero:** Stahlstich. • 2 **en cuerpo menor:** kleingedruckt. • 3 **Quicherat:** Louis Marie Quicherat (1799–1884); französischer Philologe, der den *Thesaurus Poeticus Lingua Latinae* verfasste. • **La Germania de Tácito:** die *Germania* des Tacitus (etwa 98 n. Chr.), in der der römische Schriftsteller das Volk der Germanen beschreibt. • 4 **Gordon:** Thomas Gordon (1691–1750); schottischer Autor und Übersetzer, der die *Germania* ins Englische übersetzte. • 5 **la casa Garnier:** traditionsreiches Pariser Verlagshaus. • **Rivera Indarte:** José Rivera Indarte (1814–45); argentinischer Schriftsteller und Journalist, dessen bedeutendstes Werk, *Las tablas de sangre*, eine Aufstellung aller Morde des argentinischen Diktators Juan Manuel de Rosas (1793–1877) ist. • 6 **la dedicatoria:** Widmung. • 7 **Carlyle:** Thomas Carlyle (1795–1881); schottischer Essayist und Historiker, dessen bedeutendstes Werk, *Sartor Resartus* (1833–34), eine Parodie auf Hegel und den deutschen Idealismus ist. • **Amiel:** Henri Frédéric Amiel (1821–1881); Schweizer Schriftsteller und Philosoph. • 8 **en rústica:** ungebunden, broschiert. • 10 **el atardecer:** Abenddämmerung, Anbruch der Nacht. • 14 **la prueba:** Probe; hier: Beweis.

Si yo lo estoy soñando, es natural que sepa lo que yo sé. Su catálogo prolijo es del todo vano.

La objeción era justa. Le contesté:

– Si esta mañana y este encuentro son sueños, cada uno de los dos tiene que pensar que el soñador es él. Tal vez dejemos de soñar, tal vez no. Nuestra evidente obligación, mientras tanto, es aceptar el sueño, como hemos aceptado el universo y haber sido engendrados y mirar con los ojos y respirar.

– ¿Y si el sueño durara? – dijo con ansiedad.

Para tranquilizarlo y tranquilizarme, fingí un aplomo que ciertamente no sentía. Le dije:

– Mi sueño ha durado ya setenta años. Al fin y al cabo, al recordarse, no hay persona que no se encuentre consigo misma. Es lo que nos está pasando ahora, salvo que somos dos. ¿No querés saber algo de mi pasado, que es el porvenir que te espera?

Asintió sin una palabra. Yo proseguí un poco perdido:

– Madre está sana y buena en su casa de Charcas y Maipú, en Buenos Aires, pero padre murió hace unos treinta años. Murió del corazón. Lo acabó una hemiplejía; la mano izquierda puesta sobre la mano

2 **prolijo/a:** minuziös. • **vano/a:** wertlos, vergeblich (*en vano:* vergebens, umsonst). • 3 **la objeción:** Einwand. • 8 **engendrar:** (er)zeugen, erschaffen. • 10 **la ansiedad:** Angst, Beklemmung. • 11 **fingir:** vortäuschen. • 11f. **el aplomo:** Selbstsicherheit. • 13f. **al fin y al cabo** (loc.): letzten Endes. • 16 **salvo** (adv.): außer; hier: nur. • **querés** (Arg. u. a.): *quieres* (vgl. S. 9). • 17 **el porvenir:** Zukunft. • 18 **asentir:** zustimmen. • **proseguir:** fortsetzen, fortfahren. • 20f. **Charcas / Maipú:** zwei Straßen im Zentrum von Buenos Aires. • 23 **la hemiplejía:** halbseitige Lähmung.

derecha era como la mano de un niño sobre la mano de un gigante. Murió con impaciencia de morir, pero sin una queja. Nuestra abuela había muerto en la misma casa. Unos días antes del fin, nos llamó a todos y nos dijo: «Soy una mujer muy vieja, que está muriéndose muy despacio. Que nadie se alborote por una cosa tan común y corriente.» Norah, tu hermana, se casó y tiene dos hijos. A propósito, en casa, ¿cómo están?

– Bien. Padre siempre con sus bromas contra la fe. Anoche dijo que Jesús era como los gauchos, que no quieren comprometerse, y que por eso predicaba en parábolas.

Vaciló y me dijo:

– ¿Y usted?

– No sé la cifra de los libros que escribirás, pero sé que son demasiados. Escribirás poesías que te darán un agrado no compartido y cuentos de índole fantástica. Darás clases como tu padre y como tantos otros de nuestra sangre.

Me agradó que nada me preguntara sobre el fracaso o éxito de los libros. Cambié de tono y proseguí:

– En lo que se refiere a la historia ... Hubo otra guerra, casi entre los mismos antagonistas. Francia no tardó en capitular; Inglaterra y América libraron

2 **la impaciencia:** Ungeduld. • 3 **la queja:** Klage. • 6 **alborotarse:** sich aufregen. • 10 **la fe:** Glaube. • 12 **comprometerse:** sich verpflichten. • **predicar:** predigen. • 13 **la parábola:** Gleichnis, Parabel. • 14 **vacilar:** schwanken, unschlüssig sein. • 16 **la cifra:** Ziffer, Anzahl. • 18 **el agrado:** Wohlgefallen (*agradar:* gefallen). • **compartir:** teilen. • **el índole:** Charakter, Art. • 21 **el fracaso:** Scheitern.

contra un dictador alemán, que se llamaba Hitler, la cíclica batalla de Waterloo. Buenos Aires, hacia mil novecientos cuarenta y seis, engendró otro Rosas, bastante parecido a nuestro pariente. El cincuenta y cinco, la provincia de Córdoba nos salvó, como antes Entre Ríos. Ahora, las cosas andan mal. Rusia está apoderándose del planeta; América, trabada por la superstición de la democracia, no se resuelve a ser un imperio. Cada día que pasa nuestro país es más provinciano. Más provinciano y más engreído, como si ce-

2 **cíclico/a:** zyklisch, kreisläufig. • **la batalla de Waterloo:** die Schlacht bei Waterloo (18. Juni 1815); letzte Schlacht Napoleons, bei der die Franzosen den britisch-niederländisch-deutschen Truppen unter der Führung von General Wellington und den preußischen Truppen unter der Führung von Feldmarschall Blücher unterlagen; die Niederlage hatte die Abdankung Napoleons zur Folge. • 3 **Rosas:** Juan Manuel Ortiz de Rosas (1793–1877); argentinischer Diktator, der vor allem durch sein grausames Vorgehen gegen Regimegegner bekannt wurde; er hatte eine eigens dafür aufgestellte Truppe, »la mazorca«, die im ganzen Land gefürchtet war. • 5 **la provincia de Córdoba:** Provinz im Zentrum Argentiniens mit gleichnamiger Hauptstadt. Nach dem Sturz von General Perón 1955 siedelte sich die Autoindustrie in Córdoba an. Die Landbevölkerung wurde durch das industrielle Wachstum der Provinz angezogen und strömte in die Fabriken. Wegen der allgemeinen Unzufriedenheit mit den politischen Verhältnissen wurde das sehr schnell wachsende Córdoba zum Ort des ersten Arbeiteraufstandes, der in einer Volksrevolte, »el Cordobazo«, mündete. • 6 **Entre Ríos:** Provinz im Nordosten Argentiniens; hier spielt Borges auf die Schlacht von Caseros (1852) an, bei der Rosas von dem »Ejercito Grande«, bestehend aus den brasilianischen und uruguayischen Streitkräften und denen der argentinischen Provinzen Entre Ríos und Corrientes, besiegt wurde. • 7 **apoderarse:** sich bemächtigen. • **trabar:** behindern, hemmen. • 8 **la superstición:** Aberglaube. • **resolverse** (+ inf.): sich entschließen / beschließen zu. • 10 **engreído/a:** dünkelhaft, eingebildet.

rrara los ojos. No me sorprendería que la enseñanza del latín fuera reemplazada por la del guaraní.

Noté que apenas me prestaba atención. El miedo elemental de lo imposible y sin embargo cierto lo amilanaba. Yo, que no he sido padre, sentí por ese pobre muchacho, más íntimo que un hijo de mi carne, una oleada de amor. Vi que apretaba entre las manos un libro. Le pregunté qué era.

– *Los poseídos* o, según creo, *Los demonios* de Fyodor Dostoievski – me replicó no sin vanidad.

– Se me ha desdibujado. ¿Qué tal es?

No bien lo dije, sentí que la pregunta era una blasfemia.

– El maestro ruso – dictaminó – ha penetrado más que nadie en los laberintos del alma eslava.

Esa tentativa retórica me pareció una prueba de que se había serenado.

Le pregunté qué otros volúmenes del maestro había recorrido.

Enumeró dos o tres, entre ellos *El doble*.

2 **reemplazar:** ersetzen. • **el guaraní:** indigene Sprache, die noch heute in Paraguay und den Grenzgebieten Argentiniens, Brasiliens und Boliviens gesprochen wird. • 4f. **amilanar:** einschüchtern. • 7 **la oleada** (fig.): Welle, Flut. • 10 **Dostoievski:** Fjodor Michailowitsch Dostojewski (1821–81); bedeutender russischer Schriftsteller, der u. a. *Die Dämonen* (1873) (in anderen Übersetzungen auch: *Die Teufel*, *Die Besessenen*) verfasste. • **la vanidad:** Eitelkeit. • 11 **desdibujarse:** verschwimmen. • 14 **dictaminar:** ein Gutachten erstellen, eine Meinung abgeben. • **penetrar:** eindringen. • 15 **eslavo/a:** slawisch. • 16 **la tentativa:** Versuch. • 17 **serenarse:** sich beruhigen. • 19 **recorrer:** durchqueren; hier: durchsehen, lesen. • 20 **enumerar:** aufzählen, nennen. • **«El doble»:** *Der Doppelgänger*, eine Erzählung Dostojewskis, die das Auftauchen eines Doppelgängers im Leben eines schüchternen Beamten beschreibt.

Le pregunté si al leerlos distinguía bien los personajes, como en el caso de Joseph Conrad, y si pensaba proseguir el examen de la obra completa.

– La verdad es que no – me respondió con cierta sorpresa.

Le pregunté qué estaba escribiendo y me dijo que preparaba un libro de versos que se titularía *Los himnos rojos*. También había pensado en *Los ritmos rojos*.

– ¿Por qué no? – le dije –. Podés alegar buenos antecedentes. El verso azul de Rubén Darío y la canción gris de Verlaine.

Sin hacerme caso, me aclaró que su libro cantaría la fraternidad de todos los hombres. El poeta de nuestro tiempo no puede dar la espalda a su época.

Me quedé pensando y le pregunté si verdaderamente se sentía hermano de todos. Por ejemplo, de todos los empresarios de pompas fúnebres, de todos los carteros, de todos los buzos, de todos los que viven en la

2 **Conrad:** Joseph Conrad (1857–1924); britischer Schriftsteller polnischer Herkunft. Seine bekanntesten Werke sind der Roman *Lord Jim* (1900) und die Erzählung *Das Herz der Finsternis* (1902). • 7 f. **«Los himnos rojos»:** hier bezieht sich Borges auf einen von ihm nie veröffentlichten Lyrikband über die russische Revolution. • 10 **podés** (Arg. u. a.): *puedes*. • **alegar:** vorbringen, geltend machen. • 10 f. **los antecedentes** (pl.!): Vorgeschichte; hier: Bezugswerke. • 11 **Rubén Darío:** eigtl. Félix Rubén García y Sarmiento (1867–1916); nicaraguanischer Diplomat und Schriftsteller, dessen Erstlingswerk den Titel *Azul* (1888) trug. • 12 **Verlaine:** Paul Verlaine (1844–96); bedeutender französischer Lyriker des Symbolismus. »Rien n'est plus cher que la chanson grise« ist ein Zitat aus seinem Gedicht »Art Poétique« (1874). • 13 **hacer caso a alg.:** jdn. beachten. • 14 **la fraternidad:** Brüderlichkeit. • 18 **las pompas fúnebres** (pl.!): Bestattungsinstitut. • 19 **el buzo:** Taucher.

acera de los números pares, de todos los afónicos, etcétera. Me dijo que su libro se refería a la gran masa de los oprimidos y parias.

– Tu masa de oprimidos y de parias – le contesté – no es más que una abstracción. Sólo los individuos existen, si es que existe alguien. *El hombre de ayer no es el hombre de hoy,* sentenció algún griego. Nosotros dos, en este banco de Ginebra o de Cambridge, somos tal vez la prueba.

Salvo en las severas páginas de la Historia, los hechos memorables prescinden de frases memorables. Un hombre a punto de morir quiere acordarse de un grabado entrevisto en la infancia; los soldados que están por entrar en la batalla hablan del barro o del sargento. Nuestra situación era única y, francamente, no estábamos preparados. Hablamos, fatalmente, de letras; temo no haber dicho otras cosas que las que suelo decir a los periodistas. Mi *alter ego* creía en la invención o descubrimiento de metáforas nuevas; yo en las que corresponden a afinidades íntimas y notorias y que nuestra imaginación ya

1 **la acera:** Bürgersteig. • **par:** gerade. • **afónico/a:** heiser. • 3 **el oprimido / la oprimida:** Unterdrückte(r). • **el/la paria:** Ausgestoßene(r), Geächtete(r). • 7 **sentenciar:** urteilen. • 11 **memorable:** denkwürdig. • **prescindir de algo:** auf etwas verzichten, ohne etwas auskommen. • 12 **a punto de** (+ inf.): kurz davor zu. • 13 **entrever:** undeutlich sehen, erahnen. • 14 **el barro:** Schlamm. • 15 **el sargento:** Unteroffizier, Feldwebel. • 15f. **francamente:** ehrlich gesagt. • 16f. **fatalmente:** unvermeidlich, zwangsläufig. • 18 **soler hacer algo:** etwas zu tun pflegen. • 18f. **alter ego** (lat.): das andere Ich. • 21 **notorio/a:** offenkundig.

ha aceptado. La vejez de los hombres y el ocaso, los sueños y la vida, el correr del tiempo y del agua. Le expuse esta opinión, que expondría en un libro años después.

Casi no me escuchaba. De pronto dijo:

– Si usted ha sido yo, ¿cómo explicar que haya olvidado su encuentro con un señor de edad que en 1918 le dijo que él también era Borges?

No había pensado en esa dificultad. Le respondí sin convicción:

– Tal vez el hecho fue tan extraño que traté de olvidarlo.

Aventuró una tímida pregunta:

– ¿Cómo anda su memoria?

Comprendí que para un muchacho que no había cumplido veinte años, un hombre de más de setenta era casi un muerto. Le contesté:

– Suele parecerse al olvido, pero todavía encuentra lo que le encargan. Estudio anglosajón y no soy el último de la clase.

Nuestra conversación ya había durado demasiado para ser la de un sueño.

Una brusca idea se me ocurrió.

– Yo te puedo probar inmediatamente – le dije – que no estás soñando conmigo. Oí bien este verso, que no has leído nunca, que yo recuerde.

1 **el ocaso:** Untergang. • 3 **exponer:** darlegen. • 10 **la convicción:** Überzeugung. • 13 **aventurar:** riskieren, wagen. • 18 **el olvido:** Vergessen, Vergesslichkeit. • 19 **anglosajón, -ona:** angelsächsisch; hier: englisch. • 23 **brusco/a:** plötzlich, jäh. • **se me ocurrió:** es fiel mir ein (*ocurrirse:* einfallen).

Lentamente entoné la famosa línea:

L'hydre-univers tordant son corps écaillé d'astres.

Sentí su casi temeroso estupor. Lo repitió en voz baja, saboreando cada resplandeciente palabra.

– Es verdad – balbuceó – . Yo no podré nunca escribir una línea como ésa.

Hugo nos había unido.

Antes, él había repetido con fervor, ahora lo recuerdo, aquella breve pieza en que Walt Whitman rememora una compartida noche ante el mar, en que fue realmente feliz.

– Si Whitman la ha cantado – observé – es porque la deseaba y no sucedió. El poema gana si adivinamos que es la manifestación de un anhelo, no la historia de un hecho.

Se quedó mirándome.

1 **entonar:** hier: aufsagen. • 2 **«L'hydre-univers tordant son corps écaillé d'astres»** (fr.): etwa: die Wasserwelt dreht sich, ihr Körper bedeckt mit Sternschuppen; Zitat aus der Gedichtsammlung *Les contemplations* (1856) von Victor Hugo (1802–85). Hugo war einer der bedeutendsten französischen Schriftsteller seiner Zeit; zu seinen bekanntesten Werken zählen u.a. *Les misérables* und *Notre-Dame de Paris.* • 3 **el estupor:** Erstaunen, Bestürzung. • 4 **saborear:** auskosten, genießen. • **resplandeciente:** glänzend, leuchtend. • 5 **balbucear:** stammeln, stottern. • 8 **el fervor:** Inbrunst, Eifer. • 9 **Whitman:** Walter Whitman (1819–92); US-amerikanischer Dichter. Sein Hauptwerk ist die Gedichtsammlung *Leaves of Grass* (1855), in der elf Gedichte unter dem Titel »Sea-Drift« dem Meer gewidmet sind; Borges bezieht sich hier vermutlich auf eines dieser Gedichte. • 13 **suceder:** geschehen, sich ereignen. • **adivinar:** erraten, erahnen. • 14 **la manifestación:** Bekundung. • **el anhelo:** Sehnsucht.

– Usted no lo conoce – exclamó – . Whitman es incapaz de mentir.

Medio siglo no pasa en vano. Bajo nuestra conversación de personas de miscelánea lectura y gustos diversos, comprendí que no podíamos entendernos. Eramos demasiado distintos y demasiado parecidos. No podíamos engañarnos, lo cual hace difícil el diálogo. Cada uno de los dos era el remedo caricaturesco del otro. La situación era harto anormal para durar mucho más tiempo. Aconsejar o discutir era inútil, porque su inevitable destino era ser el que soy.

De pronto recordé una fantasía de Coleridge. Alguien sueña que cruza el paraíso y le dan como prueba una flor. Al despertarse, ahí está la flor.

Se me ocurrió un artificio análogo.

– Oí – le dije – , ¿tenés algún dinero?

– Sí – me replicó – . Tengo unos veinte francos. Esta noche lo convidé a Simón Jichlinski en el *Crocodile*.

– Dile a Simón que ejercerá la medicina en Carou-

4 **misceláneo/a:** vermischt. • 5 **diverso/a:** unterschiedlich. • 8 **el remedo:** Nachahmung, Abklatsch. • 9 **harto** (adv.): genug, ausreichend; allzu. • 11 **el destino:** Schicksal. • 12 **Coleridge:** Samuel Taylor Coleridge (1772–1834); englischer Dichter der Romantik. Borges bezieht sich hier auf folgendes Zitat: »If a man could pass thro' Paradise in a Dream, and have a flower presented to him as a pledge that his Soul had really been there, and found that flower in his hand when he awoke – Aye? And what then?« (aus Coleridges unveröffentlichtem Notizbuch, postum erschienen 1895). • 15 **el artificio:** Kunstgriff, Kniff. • 16 **tenés** (Arg. u. a.): *tienes*. • 18 **convidar:** einladen. • **Simón Jichlinski:** Jugendfreund Borges' aus seiner Zeit in Genf; Borges verbrachte die Jugendjahre 1914–21 in Europa. • 19f. **Carouge:** Stadt in der Schweiz, im Kanton Genf.

ge, y que hará mucho bien … ahora, me das una de tus monedas.

Sacó tres escudos de plata y unas piezas menores. Sin comprender me ofreció uno de los primeros.

Yo le tendí uno de esos imprudentes billetes americanos que tienen muy diverso valor y el mismo tamaño. Lo examinó con avidez.

– No puede ser – gritó – . Lleva la fecha de mil novecientos sesenta y cuatro.

(Meses después alguien me dijo que los billetes de banco no llevan fecha.)

– Todo esto es un milagro – alcanzó a decir – y lo milagroso da miedo. Quienes fueron testigos de la resurrección de Lázaro habrán quedado horrorizados.

No hemos cambiado nada, pensé. Siempre las referencias librescas.

Hizo pedazos el billete y guardó la moneda.

Yo resolví tirarla al río. El arco del escudo de plata perdiéndose en el río de plata hubiera conferido a mi historia una imagen vívida, pero la suerte no lo quiso.

Respondí que lo sobrenatural, si ocurre dos veces,

3 **el escudo** (de plata) (ant.): Silbermünze, -Taler. • 5 **tender:** hinstrecken, reichen. • **imprudente:** unbesonnen, unklug. • 7 **la avidez:** Gier, Begierde. • 12 **alcanzar a hacer algo:** es schaffen etwas zu tun (*alcanzar:* erreichen). • 13 **el testigo / la testiga:** Zeuge/Zeugin. • 13 f. **la resurrección:** Auferstehung, Auferweckung. • 14 **Lázaro:** Lazarus von Bethanien, dessen Auferweckung von den Toten im Johannesevangelium beschrieben wird. • **horrorizado/a:** entsetzt. • 15 f. **las referencias librescas:** Anspielungen auf Bücher. • 17 **hacer pedazos algo:** etwas kaputtmachen, zerreißen. • 18 **tirar:** wegwerfen. • **el arco:** Bogen. • 19 **conferir:** verleihen. • 20 **vívido/a:** lebendig, lebhaft. • **la suerte:** Glück, Schicksal.

deja de ser aterrador. Le propuse que nos viéramos al día siguiente, en ese mismo banco que está en dos tiempos y en dos sitios.

Asintió en el acto y me dijo, sin mirar el reloj, que se le había hecho tarde. Los dos mentíamos y cada cual sabía que su interlocutor estaba mintiendo. Le dije que iban a venir a buscarme.

– ¿A buscarlo? – me interrogó.

– Sí. Cuando alcances mi edad habrás perdido casi por completo la vista. Verás el color amarillo y sombras y luces. No te preocupes. La ceguera gradual no es una cosa trágica. Es como un lento atardecer de verano.

Nos despedimos sin habernos tocado. Al día siguiente no fui. El otro tampoco habrá ido.

He cavilado mucho sobre este encuentro, que no he contado a nadie. Creo haber descubierto la clave. El encuentro fue real, pero el otro conversó conmigo en un sueño y fue así que pudo olvidarme; yo conversé con él en la vigilia y todavía me atormenta el recuerdo.

El otro me soñó, pero no me soñó rigurosamente. Soñó, ahora lo entiendo, la imposible fecha en el dólar.

El libro de arena, 1975

1 **aterrador, -ora:** schreckenerregend. • 4 **en el acto:** auf der Stelle, unverzüglich. • 6 **el interlocutor / la interlocutora:** Gesprächspartner(in). • 8 **interrogar:** befragen. • 11 **la ceguera:** Blindheit. • 16 **cavilar:** (nach)grübeln. • 17 **la clave:** Schlüssel, Lösung. • 20 **la vigilia:** Nachtwache; hier: Wachzustand. • **atormentar:** quälen. • 21 **rigurosamente:** streng; hier: strenggenommen.

La casa de Asterión

A Marta Mosquera Eastman

Y la reina dio a luz un hijo que se llamó Asterión.
Apolodoro: *Biblioteca*, III, I

Sé que me acusan de soberbia, y tal vez de misantropía, y tal vez de locura. Tales acusaciones (que yo castigaré a su debido tiempo) son irrisorias. Es verdad que no salgo de mi casa, pero también es verdad que sus puertas (cuyo número es infinito)* están abiertas

* El original dice *catorce,* pero sobran motivos para inferir que, en boca de Asterión, ese adjetivo numeral vale por *infinitos*.

2 **Marta Mosquera Eastman:** Schriftstellerfreundin von Borges. • 5 **Apolodoro:** Apollodor von Athen (2. Jh. v. Chr.); griechischer Grammatiker und Geschichtsschreiber, dem die sogenannte *Bibliotheke*, eine Zusammenstellung griechischer Mythen, zugeschrieben wird. Borges gibt mit diesem Zitat einen Hinweis auf die Identität Asterions: Er ist der Minotaurus, halb Mensch, halb Stier, Sohn Phasiphäes, der Frau des Minos, und des weißen Stiers von Poseidon. Letzterer hatte den Stier, um Minos' Königswürde zu festigen, aus dem Meer aufsteigen lassen. Minos gefiel der Stier so gut, dass er ihn in seine Herde aufnahm. Daraufhin verliebte sich seine Frau Phasiphäe in den Stier und paarte sich mit ihm. Das Haus von Asterion stellt hier das als Gefängnis gedachte Labyrinth des Minotaurus auf Kreta (Knossos) dar. • 6 **la soberbia:** Hochmut. • 6 f. **la misantropía:** Menschenfeindlichkeit. • 8 **a su debido tiempo:** zur rechten Zeit. • **irrisorio/a:** lächerlich. • 10 **infinito/a:** unendlich. • 11 **sobrar:** hier: (zu) viel sein. • **inferir:** schließen, folgern.

día y noche a los hombres y también a los animales. Que entre el que quiera. No hallará pompas mujeriles aquí ni el bizarro aparato de los palacios pero sí la quietud y la soledad. Asimismo hallará una casa como no hay otra en la faz de la tierra. (Mienten los que declaran que en Egipto hay una parecida.) Hasta mis detractores admiten que no hay *un solo mueble* en la casa. Otra especie ridícula es que yo, Asterión, soy un prisionero. ¿Repetiré que no hay una puerta cerrada, añadiré que no hay una cerradura? Por lo demás, algún atardecer he pisado la calle; si antes de la noche volví, lo hice por el temor que me infundieron las caras de la plebe, caras descoloridas y aplanadas, como la mano abierta. Ya se habia puesto el sol, pero el desvalido llanto de un niño y las toscas plegarias de la grey dijeron que me habían reconocido. La gente oraba, huía, se prosternaba; unos se encaramaban al estilóbato del templo de las Hachas, otros juntaban pie-

2 **hallar:** (vor)finden. • **la pompa:** Pracht, Prunk. • **mujeril:** weiblich. • 3 **bizarro/a:** hier: stattlich. • 4 **la soledad:** Einsamkeit. • **asimismo** (adv.): auch, ebenfalls. • 5 **en la faz de la tierra:** auf der Erde (*la faz:* Antlitz). • 6 **hasta:** hier: sogar. • 6f. **el detractor / la detractora:** Verleumder(in). • 8 **la especie:** hier: Gerücht. • 10 **añadir:** hinzufügen. • 11 **el atardecer:** Abenddämmerung, Anbruch der Nacht. • 12 **el temor:** Furcht, Angst. • **infundir:** einflößen. • 13 **la plebe** (ant.): Plebs; (fig.) (gemeines) Volk. • **descolorido/a:** bleich. • **aplanado/a:** platt. • 14f. **desvalido/a:** schutzlos, hilfsbedürftig. • 15 **el llanto:** Weinen, Klage. • **tosco/a:** grob, ungehobelt. • **la plegaria:** Gebet. • 16 **la grey:** Kleinviehherde; hier (fig.): Gruppe von Menschen. • 16f. **orar:** beten. • 17 **prosternarse:** sich niederwerfen, zu Boden werfen. • **encaramarse:** (hinauf)klettern. • 17f. **el estilóbato:** Stylobat; oberste Stufe des Unterbaus griechischer Tempel. • 18 **el templo de las Hachas:** vermutlich: Fackeltempel; ein Tempel mit diesem Namen konnte nicht nachgewiesen werden (*el hacha:* Fackel; Axt). • **juntar:** (an)sammeln.

dras. Alguno, creo, se ocultó bajo el mar. No en vano fue una reina mi madre; no puedo confundirme con el vulgo, aunque mi modestia lo quiera.

El hecho es que soy único. No me interesa lo que un hombre pueda trasmitir a otros hombres; como el filósofo, pienso que nada es comunicable por el arte de la escritura. Las enojosas y triviales minucias no tienen cabida en mi espíritu; que está capacitado para lo grande; jamás he retenido la diferencia entre una letra y otra. Cierta impaciencia generosa no ha consentido que yo aprendiera a leer. A veces lo deploro, porque las noches y los días son largos.

Claro que no me faltan distracciones. Semejante al carnero que va a embestir, corro por las galerías de piedra hasta rodar al suelo, mareado. Me agazapo a la sombra de un aljibe o a la vuelta de un corredor y juego a que me buscan. Hay azoteas desde las que me dejo caer, hasta ensangrentarme. A cualquier hora puedo jugar a estar dormido, con los ojos cerrados y la respiración poderosa. (A veces me duermo realmente,

1 **ocultarse:** sich verstecken, verborgen halten. • **en vano:** vergebens, umsonst. • 2f. **confundirse con el vulgo:** sich unter das Volk mischen (*el vulgo:* [gemeines] Volk, Pöbel). • 3 **la modestia:** Bescheidenheit. • 5 **tra(n)smitir:** übermitteln. • 7 **la escritura:** Schrift, Schreibkunst. • **enojoso/a:** mühsam, umständlich. • **la minucia:** Kleinigkeit, Nichtigkeit. • 8 **tener cabida:** Platz haben (*la cabida:* Fassungsvermögen). • 9 **retener:** zurückhalten; hier: behalten. • 10 **la impaciencia:** Ungeduld. • **generoso/a:** großmütig; hier: reichlich, groß. • 10f. **consentir:** zulassen, gestatten. • 11 **deplorar:** (zutiefst) bedauern. • 14 **el carnero:** Widder. • **embestir:** angreifen. • 15 **rodar al suelo:** zu Boden fallen (*rodar:* rollen). • **mareado/a:** schwindelig. • **agazaparse:** sich verstecken. • 16 **el aljibe:** Zisterne. • 17 **la azotea:** (Dach-)Terrasse. • 18 **ensangrentarse:** sich mit Blut beflecken. • 20 **poderoso/a:** mächtig; hier (fig.): tief.

a veces ha cambiado el color del día cuando he abierto los ojos.) Pero de tantos juegos el que prefiero es el de otro Asterión. Finjo que viene a visitarme y que yo le muestro la casa. Con grandes reverencias le digo: *Ahora volvemos a la encrucijada anterior* o *Ahora desembocamos en otro patio* o *Bien decía yo que te gustaría la canaleta* o *Ahora verás una cisterna que se llenó de arena* o *Ya verás cómo el sótano se bifurca*. A veces me equivoco y nos reímos buenamente los dos.

No sólo he imaginado esos juegos; también he meditado sobre la casa. Todas las partes de la casa están muchas veces, cualquier lugar es otro lugar. No hay un aljibe, un patio, un abrevadero, un pesebre; son catorce [son infinitos] los pesebres, abrevaderos, patios, aljibes. La casa es del tamaño del mundo; mejor dicho, es el mundo. Sin embargo, a fuerza de fatigar patios con un aljibe y polvorientas galerías de piedra gris he alcanzado la calle y he visto el templo de las Hachas y el mar. Eso no lo entendí hasta que una visión de la noche me reveló que también son catorce [son infinitos] los mares y los templos. Todo está muchas veces, catorce veces, pero dos cosas hay en el mundo que parecen estar una sola vez: arriba, el intrincado sol; abajo, Asterión. Quizá yo he creado las estrellas y el sol y la enorme casa, pero ya no me acuerdo.

3 **fingir que:** vortäuschen, dass; so tun, als ob. • 4 **la reverencia:** Hochachtung. • 5 **la encrucijada:** Kreuzung. • 5 f. **desembocar:** (ein)münden. • 7 **la canaleta** (Am.): *el canalón:* Rinne. • 8 **bifurcarse:** sich gabeln, teilen. • 13 **el abrevadero:** Tränke. • 14 **el pesebre:** Krippe. • 16 **a fuerza de:** durch (viel). • **fatigar:** ermüden. • 17 **polvoriento/a:** staubig. • 18 **alcanzar:** erreichen. • 20 **revelar:** enthüllen. • 23 **intrincado/a:** kompliziert, verworren; hier: geheimnisvoll, vielschichtig.

Cada nueve años entran en la casa nueve hombres para que yo los libere de todo mal. Oigo sus pasos o su voz en el fondo de las galerías de piedra y corro alegremente a buscarlos. La ceremonia dura pocos minutos. Uno tras otro caen sin que yo me ensangrente las manos. Donde cayeron, quedan, y los cadáveres ayudan a distinguir una galería de las otras. Ignoro quiénes son, pero sé que uno de ellos profetizó, en la hora de su muerte, que alguna vez llegaría mi redentor. Desde entonces no me duele la soledad, porque sé que vive mi redentor y al fin se levantará sobre el polvo. Si mi oído alcanzara todos los rumores del mundo, yo percibiría sus pasos. Ojalá me lleve a un lugar con menos galerías y menos puertas. ¿Cómo será mi redentor?, me pregunto. ¿Será un toro o un hombre? ¿Será tal vez un toro con cara de hombre? ¿O será como yo?

El sol de la mañana reverberó en la espalda de bronce. Ya no quedaba ni un vestigio de sangre.

– ¿Lo creerás, Ariadna? – dijo Teseo – . El minotauro apenas se defendió.

El aleph, 1949

7 **ignorar:** nicht wissen, nicht kennen. • 8 **profetizar:** prophezeien. • 9 **el redentor:** Erlöser. • 12 **el rumor:** Geräusch. • 17 **reverberar:** reflektiert werden, zurückstrahlen. • 18 **el vestigio:** Anzeichen, Spur. • 19 **Ariadna:** Ariadne; Figur der griechischen Mythologie, Tochter des Minos, König von Kreta. Sie verliebte sich in Theseus (s. u.), der sich freiwillig dazu gemeldet hatte, dem Minotaurus geopfert zu werden, und schenkte ihm ein magisches Schwert, um diesen zu besiegen, sowie ein Wollknäuel (den Ariadnefaden), um aus dem Labyrinth wieder herauszufinden. • **Teseo:** Theseus; berühmter Held der griechischen Mythologie, der mit seinem Sieg über den Minotaurus die Athener davon befreite, alle neun Jahre sieben Jünglinge und sieben Jungfrauen zu opfern.

Deutsches Requiem

Aunque él me quitare
la vida, en él confiaré.

Job 13:15

Mi nombre es Otto Dietrich zur Linde. Uno de mis antepasados, Christoph zur Linde, murió en la carga de caballería que decidió la victoria de Zorndorf. Mi bisabuelo materno, Ulrich Forkel, fue asesinado en la foresta de Marchenoir por francotiradores franceses en los últimos días de 1870; el capitán Dietrich zur Linde, mi padre, se distinguió en el sitio de Namur, en 1914, y, dos años después, en la travesía del Danubio.*

* Es significativa la omisión del antepasado más ilustre del narra-

2 **Aunque ... en él confiaré:** Siehe, tötet er mich, ich werde auf ihn warten/hoffen (Hiob 13,15). • 6 **el antepasado / la antepasada:** Vorfahre/Vorfahrin. • **la carga:** hier: Angriff. • 7 **la caballería:** Kavallerie. • **Zorndorf:** die Schlacht von Zorndorf (1758); ein Aufeinandertreffen der russischen Streitkräfte und der preußischen Armee im Siebenjährigen Krieg (1756–63). • 8 **el bisabuelo / la bisabuela:** Urgroßvater/Urgroßmutter. • **materno/a:** mütterlicherseits. • 9 **la foresta:** Wald. • **Marchenoir:** französische Gemeinde im Département Loir-et-Cher; im November 1870 kam es dort während des Deutsch-Französischen Krieges (1870–71) zu einem Gefecht. • **el francotirador:** Scharfschütze, Heckenschütze. • 11 **distinguirse:** sich auszeichnen. • **Namur:** Stadt in Belgien; 1914 kam es zu einer Schlacht um die Festungen von Namur; die Stadt fiel nach drei Tagen. • 12 **la travesía:** Überfahrt. • **el Danubio:** Donau. • 13 **significativo/a:** bezeichnend. • **la omisión:** Auslassung, Weglassen (*omitir:* auslassen, weglassen). • **ilustre:** berühmt.

En cuanto a mí, seré fusilado por torturador y asesino. El tribunal ha procedido con rectitud; desde el principio, yo me he declarado culpable. Mañana, cuando el reloj de la prisión dé las nueve yo habré entrado en la muerte; es natural que piense en mis mayores, ya que tan cerca estoy de su sombra, ya que de algún modo soy ellos.

Durante el juicio (que afortunadamente duró poco) no hablé; justificarme, entonces, hubiera entorpecido el dictamen y hubiera parecido una cobardía. Ahora las cosas han cambiado; en esta noche que precede a mi

dor, el teólogo y hebraísta Johannes Forkel (1799–1846), que aplicó la dialéctica de Hegel a la cristología y cuya versión literal de algunos de los Libros Apócrifos mereció la censura de Hengstenberg y la aprobación de Thilo y Geseminus. *(Nota del editor.)*

1 **fusilar:** standrechtlich erschießen. • **el torturador:** Folterer. • 2 **proceder:** verfahren, vorgehen. • **la rectitud:** Rechtschaffenheit. • 2f. **el principio:** Anfang, Beginn. • 4 **dar las nueve:** neun Uhr schlagen. • 8 **el juicio:** Urteil; hier: Gerichtsverfahren, Prozess. • **afortunadamente:** glücklicherweise. • 9 **entorpecer:** verzögern, behindern. • 10 **el dictamen:** Stellungnahme; hier: Gerichtsurteil. • **la cobardía:** Feigheit. • 11 **preceder:** vorangehen. • 12 **el/la hebraísta:** Hebraist(in), Kenner(in) der hebräischen Sprache und Kultur. • **Forkel:** ein Johannes Forkel, der Theologe und Hebraist war, konnte nicht nachgewiesen werden. • 13f. **literal:** wörtlich; hier vermutlich: wörtliche Übersetzung. • 14 **los Libros Apócrifos:** die Apokryphen; Zusatzschriften zur Bibel, die nicht zum verbindlichen Bibeltext zählen. • 15 **Hengstenberg:** Ernst Wilhelm Hengstenberg (1802–69); deutscher Theologe und Alttestamentler. • **la aprobación:** Billigung, Zustimmung. • **Thilo:** Karl Johann Thilo (1794–1853); deutscher Theologe. • **Geseminus:** Heinrich Friedrich Wilhelm Gesenius (1786–1842); deutscher Theologe und Gelehrter, Erforscher insbesondere des Hebräischen.

ejecución, puedo hablar sin temor. No pretendo ser perdonado, porque no hay culpa en mí, pero quiero ser comprendido. Quienes sepan oírme, comprenderán la historia de Alemania y la futura historia del mundo. Yo sé que casos como el mío, excepcionales y asombrosos ahora, serán muy en breve triviales. Mañana moriré, pero soy un símbolo de las generaciones del porvenir.

Nací en Marienburg, en 1908. Dos pasiones, ahora casi olvidadas, me permitieron afrontar con valor y aun con felicidad muchos años infaustos: la música y la metafísica. No puedo mencionar a todos mis bienhechores, pero hay dos nombres que no me resigno a omitir: el de Brahms y el de Schopenhauer. También frecuenté la poesía; a esos nombres quiero juntar otro vasto nombre germánico, William Shakespeare. Antes, la teología me interesó, pero de esa fantástica disciplina (y de la fe cristiana) me desvió para siempre Schopenhauer, con razones directas; Shakespeare y Brahms, con la infinita variedad de su mundo. Sepa quien se detiene maravillado, trémulo de ternura y de

1 **la ejecución:** Hinrichtung. • **el temor:** Furcht, Angst. • **pretender** (+ inf.): danach streben zu. • 5 **asombroso/a:** erstaunlich. • 7 **el porvenir:** Zukunft. • 8 **Marienburg:** Stadt im ehemals ostpreußischen Landkreis Marienburg, der heute zu Polen zählt. • 9 **afrontar:** trotzen, die Stirn bieten. • **el valor:** Mut. • 10 **infausto/a:** unheilvoll. • 11 f. **el bienhechor / la bienhechora:** Wohltäter(in). • 12 **resignarse a** (+ inf.): sich damit abfinden / bereit sein zu. • 14 **frecuentar:** regelmäßig besuchen; hier (fig.): regelmäßig lesen. • **juntar algo a algo:** etwas zu einer Sache hinzufügen. • 15 **vasto/a:** weit; hier: groß(artig). • 17 **la fe:** Glaube. • **desviar a alg.:** jdn. von etwas abbringen. • 19 **infinito/a:** unendlich. • 20 **maravillado/a:** in Bewunderung versetzt. • **trémulo/a:** zitternd, bebend. • **la ternura:** Zärtlichkeit.

gratitud, ante cualquier lugar de la obra de esos felices, que yo también me detuve ahí, yo el abominable.

Hacia 1927 entraron en mi vida Nietzsche y Spengler. Observa un escritor del siglo XVIII que nadie quiere deber nada a sus contemporáneos; yo, para libertarme de una influencia que presentí opresora, escribí un artículo titulado *Abrechnung mit Spengler,* en el que hacía notar que el monumento más inequívoco de los rasgos que el autor llama fáusticos no es el misceláneo drama de Goethe* sino un poema redactado hace veinte siglos, el *De rerum natura.* Rendí justicia, empero, a la sinceridad del filósofo de la historia, a su

* Otras naciones viven con inocencia, en sí y para sí, como los minerales o los meteoros; Alemania es el espejo universal que a todas recibe, la conciencia del mundo *(das Weltbewusstsein).* Goethe es el prototipo de esa comprensión ecuménica. No lo censuro, pero no veo en él al hombre fáustico de la tesis de Spengler.

1 **la gratitud:** Dankbarkeit. • 2 **abominable:** abscheulich. • 3f. **Spengler:** Oswald Arnold Gottfried Spengler (1880–1936); deutscher Geschichtsphilosoph, war ein vehementer Gegner der Demokratie und gilt als geistiger Wegbereiter des Nationalsozialismus; Hauptwerk: *Der Untergang des Abendlandes* (1918). • 5 **el contemporáneo / la contemporánea:** Zeitgenosse/Zeitgenossin. • 6 **presentir:** (voraus)ahnen. • **opresor, -ora:** unterdrückend. • 8 **hacer notar algo:** auf etwas hinweisen. • **inequívoco/a:** eindeutig. • 9 **el rasgo:** (Wesens-)Zug, Charakteristikum. • 9f. **misceláneo/a:** vermischt. • 10 **redactar:** verfassen. • 11 **«De rerum natura»** (lat.): *Über die Natur der Dinge*; Lehrgedicht des römischen Dichters und Philosophen Titus Lucretius Carus aus dem 1. Jh. v. Chr. über die Lage des Menschen in einem Universum ohne den Einfluss der Götter. • **rendir justicia a algo:** einer Sache Gerechtigkeit widerfahren lassen. • 12 **empero** (elev.): jedoch. • **la sinceridad:** Aufrichtigkeit. • 13 **la inocencia:** Unschuld; Einfältigkeit. • 15 **la conciencia:** hier: Bewusstsein. • 16 **ecuménico/a:** ökumenisch; hier (fil.): die ganze bewohnte Welt betreffend. • 16f. **censurar:** zensieren, kritisieren.

espíritu radicalmente alemán *(kerndeutsch),* militar. En 1929 entré en el Partido.

Poco diré de mis años de aprendizaje. Fueron más duros para mí que para muchos otros, ya que a pesar de no carecer de valor, me falta toda vocación de violencia. Comprendí, sin embargo, que estábamos al borde de un tiempo nuevo y que ese tiempo, comparable a las épocas iniciales del Islam o del Cristianismo, exigía hombres nuevos. Individualmente, mis camaradas me eran odiosos; en vano procuré razonar que para el alto fin que nos congregaba, no éramos individuos.

Aseveran los teólogos que si la atención del Señor se desviara un solo segundo de mi derecha mano que escribe, ésta recaería en la nada, como si la fulminara un fuego sin luz. Nadie puede ser, digo yo, nadie puede probar una copa de agua o partir un trozo de pan, sin justificación. Para cada hombre, esa justificación es distinta; yo esperaba la guerra inexorable que probaría nuestra fe. Me bastaba saber que yo sería un soldado de sus batallas. Alguna vez temí que nos defraudaran la cobardía de Inglaterra y de Rusia. El azar, o

2 **el Partido:** hier: die NSDAP, die Nationalsozialistische Deutsche Arbeiterpartei. • 3 **el aprendizaje:** Lehre. • 5 **carecer de algo:** etwas nicht haben, entbehren. • **la vocación:** Berufung. • 6f. **estar al borde de un tiempo nuevo:** am Rande einer neuen Zeit stehen. • 8 **inicial:** anfänglich, Anfangs... • 10 **en vano:** vergeblich, umsonst (*vano/a:* nichtig, wertlos, vergeblich). • **procurar** (+ inf.): versuchen zu. • **razonar:** argumentieren, logisch denken. • 11 **congregar:** versammeln, zusammenbringen. • 12 **aseverar:** versichern, behaupten. • 13 **desviarse:** abschwenken. • 14 **fulminar:** treffen, vernichten. • 16 **partir:** teilen. • 18 **inexorable:** unerbittlich. • 20 **la batalla:** Schlacht (*batallar:* kämpfen). • 20f. **defraudar:** betrügen; hier: enttäuschen. • 21 **la cobardía:** Feigheit. • **el azar:** Zufall.

el destino, tejió de otra manera mi porvenir: el primero de marzo de 1939, al oscurecer, hubo disturbios en Tilsit que los diarios no registraron; en la calle detrás de la sinagoga, dos balas me atravesaron la pierna, que fue necesario amputar.* Días después, entraban en Bohemia nuestros ejércitos; cuando las sirenas lo proclamaron, yo estaba en el sedentario hospital, tratando de perderme y de olvidarme en los libros de Schopenhauer. Símbolo de mi vano destino, dormía en el borde de la ventana un gato enorme y fofo.

En el primer volumen de *Parerga und Paralipomena* releí que todos los hechos que pueden ocurrirle a un hombre, desde el instante de su nacimiento hasta el de su muerte, han sido prefijados por él. Así, toda negligencia es deliberada, todo casual encuentro una cita, toda humillación una penitencia, todo fracaso una misteriosa victoria, toda muerte un suicidio. No

* Se murmura que las consecuencias de esa herida fueron muy graves. *(Nota del editor.)*

1 **el destino:** Schicksal. • **tejer:** spinnen, weben; hier (fig.): ersinnen. • 2 **el oscurecer:** Abenddämmerung. • **el disturbio:** Unruhe. • 3 **Tilsit:** heute: Sowetsk; Stadt in der russischen Exklave Kaliningrad, im ehemaligen Ostpreußen. • 4 **atravesar:** hier: durchqueren, durchbohren. • 6 **Bohemia:** Böhmen; eines der historischen Länder Tschechiens. • 7 **sedentario/a:** sesshaft, ansässig. • 10 **fofo/a:** schwabbelig; hier: fett. • 11 **el volumen:** hier: Band (Buch). • 11 f. **«Parerga und Paralipomena»:** Aphorismen des Philosophen Arthur Schopenhauer in zwei Bänden (1851). • 14 **prefijar:** vorherbestimmen, im Vorfeld festlegen. • 15 **la negligencia:** Nachlässigkeit, Fahrlässigkeit. • **deliberado/a:** erwogen, absichtlich. • **casual:** zufällig. • 16 **la humillación:** Demütigung. • **la penitencia:** Sühne, Buße. • **el fracaso:** Scheitern, Misserfolg. • 18 **murmurar:** murmeln; hier: munkeln.

hay consuelo más hábil que el pensamiento de que hemos elegido nuestras desdichas; esa teleología individual nos revela un orden secreto y prodigiosamente nos confunde con la divinidad. ¿Qué ignorado propósito (cavilé) me hizo buscar ese atardecer, esas balas y esa mutilación? No el temor de la guerra, yo lo sabía; algo más profundo. Al fin creí entender. Morir por una religión es más simple que vivirla con plenitud; batallar en Efeso contra las fieras es menos duro (miles de mártires oscuros lo hicieron) que ser Pablo, siervo de Jesucristo; un acto es menos que todas las horas de un hombre. La batalla y la gloria son *facilidades*; más ardua que la empresa de Napoleón fue la de Raskolnikov. El siete de febrero de 1941 fui nombrado subdirector del campo de concentración de Tarnowitz.

El ejercicio de ese cargo no me fue grato; pero no

2 **la desdicha:** Unglück. • 3 **revelar:** enthüllen (*la revelación:* Enthüllung). • **prodigiosamente:** wunderbarerweise. • 4 **confundir:** verwechseln. • **la divinidad:** Göttlichkeit, Gottheit. • **ignorado/a:** unbekannt (*ignorar:* nicht kennen, nicht wissen). • 4f. **el propósito:** Absicht, Plan. • 5 **cavilar:** (nach)grübeln. • **el atardecer:** Abenddämmerung, Anbruch der Nacht. • 6 **la mutilación:** Verstümmelung. • 8 **con plenitud:** voll und ganz (*la plenitud:* Fülle). • 9 **Efeso:** Ephesus; eine der bedeutendsten griechischen Städte des Altertums. Der dortige Artemis-Tempel zählt zu den sieben Weltwundern. Borges bezieht sich hier auf die Christenverfolgung in Ephesus. • **la fiera:** Raubtier. • 10 **el/la mártir:** Märtyrer(in). • **Pablo:** der Apostel Paulus; er hielt sich etwa 52–58 n. Chr. in Ephesus auf. • 11 **el siervo / la sierva:** Diener(in). • 12 **la gloria:** Ruhm. • 12f. **la facilidad:** Leichtigkeit. • 13 **arduo/a:** mühsam, beschwerlich, schwer. • 14 **Raskolnikov:** Protagonist in Dostojewskis Roman *Schuld und Sühne* (1866). • 15f. **Tarnowitz:** Stadt im ehemaligen Oberschlesien, im Landkreis Beuthen-Tarnowitz, der von 1816 bis 1945 bestand. • 17 **el cargo:** Amt, Posten. • **grato/a:** angenehm.

pequé nunca de negligencia. El cobarde se prueba entre las espadas; el misericordioso, el piadoso, busca el examen de las cárceles y del dolor ajeno. El nazismo, intrínsecamente, es un hecho moral, un despojarse del viejo hombre, que está viciado, para vestir el nuevo. En la batalla esa mutación es común, entre el clamor de los capitanes y el vocerío; no así en un torpe calabozo, donde nos tienta con antiguas ternuras la insidiosa piedad. No en vano escribo esa palabra; la piedad por el hombre superior es el último pecado de Zarathustra. Casi lo cometí (lo confieso) cuando nos remitieron de Breslau al insigne poeta David Jerusalem.

Era éste un hombre de cincuenta años. Pobre de bienes de este mundo, perseguido, negado, vituperado, había consagrado su genio a cantar la felicidad.

1 **pecar de negligencia** (fig.): allzu nachlässig sein (*pecar:* sündigen). • 2 **misericordioso/a:** gnädig, barmherzig (*la misericordia:* Barmherzigkeit). • **piadoso/a:** barmherzig (*la piedad:* Barmherzigkeit). • 3 **ajeno/a:** anderen gehörig, fremd. • 4 **intrínsecamente:** eigentlich, grundsätzlich. • **despojarse de algo:** etwas abstreifen, sich einer Sache entledigen. • 5 **viciado/a:** verbraucht, verdorben. • 6 **el clamor:** Geschrei. • 7 **el vocerío:** Geschrei, Gebrüll. • **torpe:** hier: hässlich. • 7f. **el calabozo:** Kerker. • 8 **tentar:** verführen, in Versuchung führen. • 8f. **insidioso/a:** heimtückisch, hinterlistig. • 11 **Zarathustra:** hier: der fiktive Erzähler in Friedrich Nietzsches *Also sprach Zarathustra* (1883–85), der den Namen des persischen Religionsstifters (vgl. S. 14) trägt. Nietzsches Zarathustra predigt, dass seit dem »Tod« Gottes der »Übermensch« über den Pöbel hinauswächst und eine Sonderstellung einnimmt. • 12 **remitir:** senden, schicken. • **insigne:** berühmt, groß, ausgezeichnet. • 12f. **David Jerusalem:** vermutlich fiktiver Dichter. • 15 **el bien:** Habe, Gut (meistens Plural). • **perseguir:** verfolgen. • **negar:** verneinen, verleugnen. • 15f. **vituperar:** verwerfen, schmähen. • 16 **consagrar:** weihen, widmen, opfern.

Creo recordar que Albert Soergel, en la obra *Dichtung der Zeit*, lo equipara con Whitman. La comparación no es feliz; Whitman celebra el universo de un modo previo, general, casi indiferente; Jerusalem se alegra de cada cosa con minucioso amor. No comete jamás enumeraciones, catálogos. Aún puedo repetir muchos hexámetros de aquel hondo poema que se titula *Tse Yang, pintor de tigres*, que está como rayado de tigres, que está como cargado y atravesado de tigres transversales y silenciosos. Tampoco olvidaré el soliloquio *Rosencrantz habla con el Ángel*, en el que un prestamista londinense del siglo XVI vanamente trata, al morir, de vindicar sus culpas, sin sospechar que la secreta justificación de su vida es haber inspirado a uno de sus clientes (que lo ha visto una sola vez y a quien no recuerda) el carácter de Shylock. Hombre de memorables ojos, de piel cetrina, de barba casi ne-

1 **Soergel:** Wilhelm Albert Soergel (1880–1958); deutscher Literaturhistoriker, der als Professor in Chemnitz lehrte. Er war Mitglied der NSDAP und gehörte dem NS-Lehrerbund an. • 2 **equiparar:** gleichstellen, vergleichen. • **Whitman:** Walter Whitman (1819–92); US-amerikanischer Dichter, dessen Hauptwerk die Gedichtsammlung *Leaves of Grass* (1855) ist. • 4 **previo/a:** vorherig; hier (fig.): herkömmlich. • 6 **la enumeración:** Aufzählung. • 7 **el hexámetro:** Hexameter; klassisches Versmaß der epischen Dichtung. • **hondo/a:** (tief)sinnig. • 8 **«Tse Yang, pintor de tigres»:** Es existiert ein Gedicht mit diesem Titel, das allerdings der 1946 in Buenos Aires geborene Schriftsteller Marcos-Ricardo Barnatán verfasst hat. • 10 **transversal:** seitlich, schräg, quer. • 11 **el soliloquio:** Selbstgespräch, Monolog. • **«Rosencrantz habla con el Ángel»:** fiktives Gedicht. • 12 **el prestamista / la prestamista:** Geldverleiher(in). • 13 **vindicar:** verteidigen, rechtfertigen. • 16 **Shylock:** jüdischer Geldverleiher aus William Shakespeares Komödie *Der Kaufmann von Venedig* (1596–98). • 17 **memorable:** denkwürdig; hier: bemerkenswert, auffällig. • **cetrino/a:** gelblich grün, olivfarben.

gra, David Jerusalem era el prototipo del judío sefardí, si bien pertenecía a los depravados y aborrecidos Ashkenazim. Fui severo con él; no permití que me ablandaran ni la compasión ni su gloria. Yo había comprendido hace muchos años que no hay cosa en el mundo que no sea germen de un Infierno posible; un rostro, una palabra, una brújula, un aviso de cigarrillos, podrían enloquecer a una persona, si ésta no lograra olvidarlos. ¿No estaría loco un hombre que continuamente se figurara el mapa de Hungría? Determiné aplicar ese principio al régimen disciplinario de nuestra casa y …* A fines de 1942, Jerusalem perdió la razón; el primero de marzo de 1943, logró darse muerte.**

* Ha sido inevitable, aquí, omitir unas líneas. *(Nota del editor.)*

** Ni en los archivos ni en la obra de Soergel figura el nombre de Jerusalem. Tampoco lo registran las historias de la literatura alemana. No creo, sin embargo, que se trate de un personaje falso. Por orden de Otto Dietrich zur Linde fueron torturados en Tarnowitz muchos intelectuales judíos, entre ellos la pianista Emma Rosenzweig. «David Jerusalem» es tal vez un símbo-

1 **el judío sefardí:** Sepharde; die Sepharden sind die Juden und ihre Nachfahren, die in Spanien und Portugal lebten und sich nach ihrer Vertreibung 1492 und 1531 im Osmanischen Reich und in Nordwestafrika ansiedelten. • 2 **depravado/a:** verdorben, lasterhaft. • **aborrecer:** hassen, verabscheuen. • 2f. **Ashkenazim:** die Aschkenasim; jüdische Bevölkerung Mittel- und Osteuropas, die eine gemeinsame religiöse Kultur und Tradition verbindet. • 3f. **ablandar:** weich machen, erweichen, mildern. • 4 **la compasión:** Mitleid. • 6 **el germen:** Keim, Ursprung. • **el rostro:** Gesicht. • 7 **la brújula:** Kompass. • 8 **enloquecer a alg.:** jdn. in den Wahnsinn treiben. • 8f. **lograr olvidar:** es schaffen zu vergessen. • 10 **figurarse:** sich vorstellen. • 14 **inevitable:** unvermeidlich. • 15 **figurar:** erscheinen. • 20 **Rosenzweig:** eine Emma Rosenzweig konnte in diesem Zusammenhang nicht nachgewiesen werden.

Ignoro si Jerusalem comprendió que si yo lo destruí, fue para destruir mi piedad. Ante mis ojos, no era un hombre, ni siquiera un judío; se había transformado en el símbolo de una detestada zona de mi alma. Yo agonicé con él, yo morí con él, yo de algún modo me he perdido con él; por eso, fui implacable.

Mientras tanto, giraban sobre nosotros los grandes días y las grandes noches de una guerra feliz. Había en el aire que respirábamos un sentimiento parecido al amor. Como si bruscamente el mar estuviera cerca, había un asombro y una exaltación en la sangre. Todo, en aquellos años, era distinto; hasta el sabor del sueño. (Yo, quizá, nunca fui plenamente feliz, pero es sabido que la desventura requiere paraísos perdidos.) No hay hombre que no aspire a la plenitud, es decir, a la suma de experiencias de que un hombre es capaz; no hay hombre que no tema ser defraudado de alguna parte de ese patrimonio infinito. Pero todo lo ha tenido mi generación, porque primero le fue deparada la gloria y después la derrota.

lo de varios individuos. Nos dicen que murió el primero de marzo de 1943; el primero de marzo de 1939, el narrador fue herido en Tilsit. *(Nota del editor.)*

4 **detestado/a:** verhasst (*detestar:* hassen). • 5 **agonizar:** im Sterben liegen. • 6 **implacable:** unnachgiebig, unbarmherzig. • 7 **girar sobre algo:** sich um etwas drehen. • 10 **bruscamente:** plötzlich, jäh. • 11 **el asombro:** (Er-)Staunen. • **la exaltación:** Begeisterung, Überschwenglichkeit. • 13 **plenamente:** voll und ganz, völlig. • 14 **la desventura:** Missgeschick, Unglück. • **requerir:** erfordern, verlangen. • 15 **aspirar a algo:** nach etwas streben. • 18 **el patrimonio:** Erbe, Vermögen. • 19 **deparar:** bescheren. • 20 **la derrota:** Niederlage.

En octubre o noviembre de 1942, mi hermano Friedrich pereció en la segunda batalla de El Alamein, en los arenales egipcios; un bombardeo aéreo, meses después, destrozó nuestra casa natal; otro, a fines de 1943, mi laboratorio. Acosado por vastos continentes, moría el Tercer Reich; su mano estaba contra todos y las manos de todos contra él. Entonces, algo singular ocurrió, que ahora creo entender. Yo me creía capaz de apurar la copa de la cólera, pero en las heces me detuvo un sabor no esperado, el misterioso y casi terrible sabor de la felicidad. Ensayé diversas explicaciones; no me bastó ninguna. Pensé: *Me satisface la derrota, porque secretamente me sé culpable y sólo puede redimirme el castigo*. Pensé: *Me satisface la derrota, porque es un fin y yo estoy muy cansado*. Pensé: *Me satisface la derrota, porque ha ocurrido, porque está innumerablemente unida a todos los hechos que son, que fueron, que serán, porque censurar o deplorar un solo hecho real es blasfemar del universo*. Esas razones ensayé, hasta dar con la verdadera.

Se ha dicho que todos los hombres nacen aristotéli-

2 **perecer:** sterben, umkommen. • **El Alamein:** die Schlacht von El Alamein in Nordafrika (1942) zwischen dem deutsch-italienischen Afrikakorps und der britischen Armee. • 3 **el arenal:** Sandfläche. • **el bombardeo aéreo:** Luftangriff. • 4 **destrozar:** zerstören. • **la casa natal:** Geburtshaus. • 5 **acosar:** hetzen, verfolgen. • 9 **apurar la copa de la cólera** (loc.): etwa: viel Schmerz und Unglück ertragen (*apurar:* austrinken, leeren; *la cólera:* Jähzorn, Wut). • **las heces:** Fäkalien (*la hez*, fig.: Abschaum). • 11 **ensayar:** (aus)probieren, versuchen, prüfen. • 12 **satisfacer a alg.:** jdn. zufriedenstellen. • 14 **redimir:** erlösen. • 17 **innumerablemente:** endlos. • 18 **deplorar:** (zutiefst) bedauern. • 20 **dar con algo:** auf etwas stoßen. • 21 f. **aristotélico/a:** aristotelisch; auf den Philosophen Aristoteles (384–322 v. Chr.) zurückgehend.

cos o platónicos. Ello equivale a declarar que no hay debate de carácter abstracto que no sea un momento de la polémica de Aristóteles y Platón; a través de los siglos y latitudes, cambian los nombres, los dialectos, las caras, pero no los eternos antagonistas. También la historia de los pueblos registra una continuidad secreta. Arminio, cuando degolló en una ciénaga las legiones de Varo, no se sabía precursor de un Imperio Alemán; Lutero, traductor de la Biblia, no sospechaba que su fin era forjar un pueblo que destruyera para siempre la Biblia; Christoph zur Linde, a quien mató una bala moscovita en 1758, preparó de algún modo las victorias de 1914; Hitler creyó luchar por *un* país, pero luchó por todos, aun por aquellos que agredió y detestó. No importa que su yo lo ignorara; lo sabían su sangre, su voluntad. El mundo se moría de judaísmo y de esa enfermedad del judaísmo, que es la fe de Jesús; nosotros le enseñamos la violencia y la fe de la espada. Esa espada nos mata y somos comparables al hechicero que teje un laberinto y que se ve forzado a

1 **platónico/a:** platonisch; auf den Philosophen Platon (etwa 428–348 v. Chr.) zurückgehend. • **equivaler:** gleichkommen, entsprechen. • 4 **la latitud** (geo.): Breite. • 7f. **Arminio / Varo:** Die Varusschlacht, auch Hermannsschlacht genannt, fand im Jahr 9 n. Chr. statt. Die germanischen Stämme vereinigten sich und kämpften siegreich unter Hermann (Arminius), dem Sohn eines Cheruskerfürsten, gegen die römische Legion unter der Führung des Publius Quinctilius Varus. • **degollar:** abschlachten, niedermetzeln. • **la ciénaga:** Morast, Sumpf. • 8 **el precursor / la precursora:** Vorläufer(in). • 10 **forjar:** schmieden; hier (fig.): prägen. • 12 **moscovito/a:** moskowitisch, moskauisch. • 14 **agredir:** angreifen, überfallen. • 16f. **el judaísmo:** Judaismus, Judentum. • 20 **el hechicero / la hechicera:** Zauberer/Zauberin. • **forzar:** zwingen.

errar en él hasta el fin de sus días o a David que juzga a un desconocido y lo condena a muerte y oye después la revelación: *Tú eres aquel hombre*. Muchas cosas hay que destruir para edificar el nuevo orden; ahora sabemos que Alemania era una de esas cosas. Hemos dado algo más que nuestra vida, hemos dado la suerte de nuestro querido país. Que otros maldigan y otros lloren; a mí me regocija que nuestro don sea orbicular y perfecto.

Se cierne ahora sobre el mundo una época implacable. Nosotros la forjamos, nosotros que ya somos su víctima. ¿Qué importa que Inglaterra sea el martillo y nosotros el yunque? Lo importante es que rija la violencia, no las serviles timideces cristianas. Si la victoria y la injusticia y la felicidad no son para Alemania, que sean para otras naciones. Que el cielo exista, aunque nuestro lugar sea el infierno.

Miro mi cara en el espejo para saber quién soy, para saber cómo me portaré dentro de unas horas, cuando me enfrente con el fin. Mi carne puede tener miedo; yo, no.

El aleph, 1949

1 **errar:** umherirren. • **David:** König David von Israel; hier bezieht sich Borges auf die Parabel, die der Prophet Nathan David nach dessen Ehebruch mit Batseba und der Ermordung ihres Mannes erzählt. David verurteilt den Unbekannten in der Erzählung zum Tode; erst dann erklärt ihm Nathan, dass er, der König, selbst der Mann ist, der diese Verbrechen begangen hat. • 4 **edificar:** errichten, aufstellen. • 7 **la suerte:** Glück, Schicksal. • **maldecir:** fluchen. • 8 **regocijar a alg.:** jdn. erfreuen, jdm. Spaß machen. • **el don:** Gabe. • 9 **orbicular:** orbikular, ringförmig. • 10 **cernir:** beobachten. • 12 **el martillo:** Hammer. • 13 **el yunque:** Amboss. • **regir:** regieren. • 14 **servil:** unterwürfig. • **la timidez:** Schüchternheit. • 20 **enfrentarse con algo:** sich einer Sache stellen.

Los dos reyes y los dos laberintos

Cuentan los hombres dignos de fe (pero Alá sabe más) que en los primeros días hubo un rey de las islas de Babilonia que congregó a sus arquitectos y magos y les mandó construir un laberinto tan perplejo y sutil que los varones más prudentes no se aventuraban a entrar, y los que entraban se perdían. Esa obra era un escándalo, porque la confusión y la maravilla son operaciones propias de Dios y no de los hombres. Con el andar del tiempo vino a su corte un rey de los árabes, y el rey de Babilonia (para hacer burla de la simplicidad de su huésped) lo hizo penetrar en el laberinto, donde vagó afrentado y confundido hasta la declinación de la tarde. Entonces imploró socorro divino y dio con la puerta. Sus labios no profirieron queja ninguna, pero le dijo al rey de Babilonia que él en Arabia tenía otro laberinto y que, si Dios era servido, se lo

2 **digno/a de fe:** glaubwürdig (*la fe:* Glaube). • **Alá:** Allah. • 4 **congregar:** versammeln. • **el mago:** Magier, Zauberer. • 5 **perplejo/a:** hier: verwirrend. • **sutil:** raffiniert, ausgeklügelt. • 6 **aventurarse a entrar:** sich hineinwagen. • 10 **el andar del tiempo:** Lauf der Zeit. • **la corte:** Hof. • 11 **la burla:** Spaß, Spott. • 11 f. **la simplicidad:** Naivität, Einfalt. • 12 **el huésped:** Gast. • **penetrar:** eindringen, hineingehen. • 13 **vagar:** umherirren. • **afrentado/a:** beleidigt, gekränkt. • **confundido/a:** verwirrt. • 13 f. **la declinación de la tarde:** später Nachmittag (*la declinación:* Sinken). • 14 **implorar socorro:** um Hilfe/Rettung flehen. • **divino/a:** göttlich. • 15 **dar con algo:** auf etwas stoßen. • **proferir:** von sich geben, hervorbringen. • **la queja:** Beschwerde, Klage. • 17 **si Dios es servido** (loc.): So Gott will.

daría a conocer algún día. Luego regresó a Arabia, juntó sus capitanes y sus alcaides y estragó los reinos de Babilonia con tan venturosa fortuna que derribó sus castillos, rompió sus gentes e hizo cautivo al mismo rey. Lo amarró encima de un camello veloz y lo llevó al desierto. Cabalgaron tres días, y le dijo: «¡Oh, rey del tiempo y sustancia y cifra del siglo!, en Babilonia me quisiste perder en un laberinto de bronce con muchas escaleras, puertas y muros; ahora el Poderoso ha tenido a bien que te muestre el mío, donde no hay escaleras que subir, ni puertas que forzar, ni fatigosas galerías que recorrer, ni muros que te veden el paso.»

Luego le desató las ligaduras y lo abandonó en mitad del desierto, donde murió de hambre y de sed. La gloria sea con Aquel que no muere.

El aleph, 1949

2 **juntar:** hier: versammeln. • **el alcaide** (ant.): (Burg-)Vogt, hoher Beamter. • **estragar:** zerstören, verwüsten. • 3 **venturoso/a:** glücklich. • **la fortuna:** Glück, Schicksal. • **derribar:** niederreißen. • 4 **hacer cautivo/a:** gefangennehmen. • 5 **amarrar:** festbinden. • **el camello:** Kamel. • **veloz:** schnell, flink. • 6 **cabalgar:** reiten. • 7 **la cifra:** Ziffer, (An-)Zahl. • 9 **el (Todo-)Poderoso:** der (All-)Mächtige. • 11 **forzar:** (be)zwingen, aufbrechen. • **fatigoso/a:** ermüdend, anstrengend. • 12 **recorrer:** durchqueren. • **vedar:** verhindern, verbieten. • 13 **desatar:** losbinden. • **la ligadura:** Fessel. • 15 **la gloria:** Ruhm.

Hombre de la esquina rosada

A Enrique Amorim

A mí, tan luego, hablarme del finado Francisco Real. Yo lo conocí, y eso que éstos no eran sus barrios porque él sabía tallar más bien por el Norte, por esos laos de la laguna de Guadalupe y la Batería. Arriba de tres veces no lo traté, y ésas en una misma noche, pero es noche que no se me olvidará, como que en ella vino la Lujanera porque sí, a dormir en mi rancho y Rosendo Juárez dejó, para no volver, el Arroyo. A ustedes, claro que les falta la debida esperiencia para reconocer ese nombre, pero Rosendo Juárez el Pegador, era de

2 **Enrique Amorim:** uruguayischer Schriftsteller (1900–60). • 3 **tan luego** (fam.): etwa: ausgerechnet. • **el finado / la finada:** Verstorbene(r). • 5 **tallar:** schleifen; hier (Criol.): tätig sein (es finden sich in diesem Text zahlreiche »criollismos«, d. h. Ausdrücke und Schreibweisen aus dem Gauchomilieu, auf die entsprechend hingewiesen wird). • **por esos laos** (Criol.): *por esos lados:* dort, in jener Gegend. • 6 **la laguna de Guadalupe / la Batería:** Borges spielt hier auf die Feindseligkeiten zwischen den Gauchos aus den Gegenden südlich und nördlich von Buenos Aires an. • 7 **tratar a alg.:** mit jdm. verkehren. • 7 f. **es noche** (Criol.): *esa noche.* • 9 f. **La Lujanera / Rosendo Juárez:** »La Lujanera« ist der Spitzname der Freundin von Rosendo Juárez (sie stammt wahrscheinlich aus Luján, einer kleinen Stadt westlich von Buenos Aires). • **el rancho:** Ranch. • 10 **el Arroyo:** kleiner Fluss; hier: das am Fluss Maldonado gelegene Stadtviertel Villa Santa Rita. • 11 **debido/a:** richtig, angemessen. • **la esperiencia** (Criol.): *la experiencia.*

los que pisaban más fuerte por Villa Santa Rita. Mozo acreditao para el cuchillo era uno de los hombres de D. Nicolás Paredes, que era uno de los hombres de Morel. Sabía llegar de lo más paquete al quilombo, en un oscuro, con las prendas de plata; los hombres y los perros lo respetaban y las chinas también; nadie inoraba que estaba debiendo dos muertes; usaba un chambergo alto, de ala finita, sobre la melena grasienta; la suerte lo mimaba, como quien dice. Los mozos de la Villa le copiábamos hasta el modo de escupir. Sin embargo, una noche nos ilustró la verdadera condición de Rosendo.

Parece cuento, pero la historia de esa noche rarísima empezó por un placero insolente de ruedas coloradas, lleno hasta el tope de hombres, que iba a los barquinazos por esos callejones de barro duro, entre los hornos de ladrillos y los huecos, y dos de negro,

1 **pisar fuerte:** hier (fig.): wichtig, von Bedeutung sein. • **Villa Santa Rita:** Stadtviertel von Buenos Aires, in dem Borges selbst wohnte. • **el mozo:** junger Mann. • 2 **acreditao** (Criol.): *acreditado:* renommiert, angesehen. • 4 **paquete, -a** (Arg.): schick. • **el quilombo** (Am.): Bordell. • 5 **el oscuro:** hier: dunkler Anzug. • **las prendas de plata:** etwa: teure Kleider (*la plata*, Arg.: Geld). • 6 **la china** (Am.): indianische Frau. • 6f. **inorar** (Criol.): *ignorar:* nicht wissen. • 8 **el chambergo:** breitkrempiger Hut mit Federschmuck. • **el ala** (f.): hier: Krempe. • **finito/a:** sehr dünn, fein. • 8 **la melena:** Haarschopf, Mähne. • 8f. **grasiento/a:** ölig (durch Pomade). • 9 **la suerte:** Glück, Schicksal. • **mimar:** verwöhnen. • 10 **escupir:** spucken. • 14 **el placero / la placera** (Criol.): Kutsche, Karren. • **insolente:** unverschämt, frech. • 14f. **colorado/a:** farbig; hier: rot. • 15 **el tope:** Spitze, Anschlag. • 15f. **a los barquinazos** (Criol.): etwa: kreuz und quer (die Schlaglöcher umfahrend). • 16 **el callejón de barro:** unbefestigte Straße (*el callejón:* Gasse, *el barro:* Schlamm). • 17 **el horno de ladrillo:** Ziegelsteinofen. • **el hueco:** Loch; hier: Schlagloch.

déle guitarriar y aturdir, y el del pescante que les tiraba un fustazo a los perros sueltos que se le atravesaban al moro, y un emponchado iba silencioso en el medio, y ése era el Corralero de tantas mentas, y el hombre iba a peliar y a matar. La noche era una bendición de tan fresca; dos de ellos iban sobre la capota volcada, como si la soledá juera un corso. Ese jué el primer sucedido de tantos que hubo, pero recién después lo supimos. Los muchachos estábamos dende temprano en el salón de Julia, que era un galpón de chapas de cinc, entre el camino de Gauna y el Maldonado. Era un local que usté lo divisaba de lejos, por la luz que mandaba a la redonda el farol sinvergüenza, y por el barullo también. La Julia, aunque de humilde color, era de lo más conciente y formal, así que no faltaban musicantes, güen beberaje y compañeras resistentes pal baile. Pero la Lujanera, que era la mujer de

1 **déle guitarriar y aturdir** (Criol.): etwa: unaufhörlich und lautstark auf der Gitarre herumklimpern (*aturdir:* betäuben). • **el pescante:** Kutschbock. • 2 **el fustazo:** Gertenhieb (*la fusta:* Gerte, Peitsche). • 3 **el moro:** hier: (arabisches) Pferd. • **el emponchado** (Arg.): ein mit einem Poncho bekleideter Mann. • 4 **el Corralero:** etwa: Cowboy; hier als Spitzname verwendet (*el corral:* Pferch, Gehege). • **la menta** (Arg.): Ruf, Ruhm. • 5 **peliar** (Criol.): *pelear.* • 5f. **la bendición:** Segen, Wohltat. • 6f. **la capota volcada:** aufgeklapptes Verdeck (*volcar:* kippen). • 7 **la soledá** (Criol.): *la soledad:* Einsamkeit. • **juera** (Criol.): *fuera.* • **el corso** (Am.): Umzug; hier (fig.): Schau. • **jué** (Criol.): fue. • 8 **el sucedido:** Ereignis, Geschehnis. • 9 **dende** (Criol.): desde. • 10 **el galpón** (Am.): Schuppen. • 11 **la chapa de cinc** (m.): Zinkblech. • **Gauna:** Straßename. • 11f. **Maldonado:** kleiner Fluss, der durch das Stadtviertel Villa Santa Rita fließt. • 12 **usté** (Criol.): *usted.* • **divisar:** ausmachen, erblicken. • 13 **a la redonda:** ringsherum. • **sinvergüenza:** unverschämt. • 14 **el barullo:** Krach, Lärm. • **humilde:** bescheiden, einfach. • 16 **güen beberaje** (Criol.): *buena bebida.* • 17 **pal** (Criol.): *para el.*

Rosendo, las sobraba lejos a todas. Se murió, señor, y digo que hay años en que ni pienso en ella, pero había que verla en sus días, con esos ojos. Verla, no daba sueño.

La caña, la milonga, el hembraje, una condescendiente mala palabra de boca de Rosendo, una palmada suya en el montón que yo trataba de sentir como una amistá: la cosa es que yo estaba lo más feliz. Me tocó una compañera muy seguidora, que iba como adivinándome la intención. El tango hacía su voluntá con nosotros y nos arriaba y nos perdía y nos ordenaba y nos volvía a encontrar. En esa diversión estaban los hombres, lo mismo que en un sueño, cuando de golpe me pareció crecida la música, y era que ya se entreveraba con ella la de los guitarreros del coche, cada vez más cercano. Después, la brisa que la trajo tiró por otro rumbo, y volví a atender a mi cuerpo y al de la compañera y a las conversaciones del baile. Al rato largo llamaron a la puerta con autoridá, un golpe y una voz. En seguida un silencio general, una pecha-

1 **sobrarlas lejos a todas** (Arg., fam.): die Beste von allen sein. • 5 **la caña** (Arg.): Zuckerrohrlikör. • **la milonga:** Milonga (argentinischer Tanz, dem Tango ähnlich). • **el hembraje** (Arg., pey.): Weibervolk. • 5f. **condescendiente:** gefällig, herablassend. • 6f. **la palmada:** Schlag mit der Handfläche, Klaps. • 8 **la amistá** (Criol.): *la amistad.* • 9 **seguidor, -ora:** folgend; hier: sich gut zur Musik führen lassend. • 10 **adivinar:** erraten, erahnen. • **la voluntá** (Criol.): *la voluntad.* • 11 **arriar:** einholen (Flagge); hier etwa: zusammenbringen. • 14 **de golpe:** plötzlich. • **crecido/a:** hier: stärker, lauter. • 15 **entreverarse** (Arg.): durcheinandergeraten. • 17 **el rumbo:** Richtung. • 19 **llamar a la puerta:** an die Tür klopfen. • **la autoridá** (Criol.): *la autoridad.* • 20f. **la pechada** (Am.): Stoß.

da poderosa a la puerta y el hombre estaba adentro. El hombre era parecido a la voz.

Para nosotros no era todavía Francisco Real, pero sí un tipo alto, fornido, trajeado enteramente de negro, y una chalina de un color como bayo, echada sobre el hombro. La cara recuerdo que era aindiada, esquinada.

Me golpeó la hoja de la puerta al abrirse. De puro atolondrado me le juí encima y le encajé la zurda en la facha, mientras con la derecha sacaba el cuchillo filoso que cargaba en la sisa del chaleco, junto al sobaco izquierdo. Poco iba a durarme la atropellada. El hombre, para afirmarse, estiró los brazos y me hizo a un lado, como despidiéndose de un estorbo. Me dejó agachado detrás, todavía con la mano abajo del saco, sobre el arma inservible. Siguió como si tal cosa, adelante. Siguió, siempre más alto que cualquiera de los que iba desapartando, siempre como sin ver. Los primeros

1 **poderoso/a:** mächtig, stark. • 4 **fornido/a:** stämmig, kräftig. • **trajeado/a de negro:** schwarz gekleidet sein (*trajear:* [ein]kleiden). • 5 **la chalina** (Arg.): schmaler Schal. • **bayo/a:** falb, hellbraun (*el bayo:* hellbraunes Pferd). • 6 **aindiado/a:** indioähnlich, mit Zügen eines Indios. • 6f. **esquinado/a:** eckig. • 8 **la hoja de la puerta:** Türflügel. • 9 **atolondrado/a:** unbesonnen, leichtfertig. • **juí** (Criol.): *fui.* • **encajar:** versetzen (Schlag). • **la zurda:** linke Hand; hier: linke Faust. • 10 **la facha** (fam.): Gesicht. • 10f. **filoso/a:** scharf. • 11 **la sisa:** Armausschnitt. • **el chaleco:** Weste. • **el sobaco:** Achselhöhle. • 12 **la atropellada:** Zusammenstoß, Anrempeln. • 13 **afirmarse:** sich festigen, bestätigen. • **estirar:** (aus)strecken. • 13f. **hacer a un lado a alg.:** jdn. zur Seite schieben. • 14 **el estorbo:** Hindernis, Ärgernis. • 14f. **agachado/a:** gebeugt; hier etwa: auf Knien. • 16 **inservible:** unbrauchbar. • **como si tal cosa** (loc.): als wenn nichts gewesen wäre. • 18 **desapartar:** beiseiteschieben.

– puro italianaje mirón – se abrieron como abanico, apurados. La cosa no duró. En el montón siguiente ya estaba el Inglés esperándolo, y antes de sentir en el hombro la mano del forastero, se le durmió con un planazo que tenía listo. Jué ver ese planazo y jué venírsele ya todos al humo. El establecimiento tenía más de muchas varas de fondo, y lo arriaron como un cristo, casi de punta a punta, a pechadas, a silbidos y a salivasos. Primero le tiraron trompadas, después, al ver que ni se atajaba los golpes, puras cachetadas a mano abierta o con el fleco inofensivo de las chalinas, como riéndose de él. También, como reservándolo pa Rosendo, que no se había movido para eso de la paré del fondo, en la que hacía espaldas, callado. Pitaba con apuro su cigarrillo, como si ya entendiera lo que vimos claro después. El Corralero fue empujado hasta él, firme y ensangrentado, con ese viento de chamu-

1 **italianaje mirón** (pey.): etwa: glotzendes Italienerpack. • **el abanico:** Fächer. • 2 **apurado/a:** eilig, hastig (*el apuro:* Eile, Hast). • 4 **el forastero / la forastera:** Fremde(r). • 5 **el planazo:** etwa: Schlag mit der flachen Hand. • **tener listo/a:** bereithalten (*listo/a:* fertig, bereit). • 5 f. **jué venírsele ya todos al humo** (Criol.): etwa: alle stürzten sich auf ihn. • 6 **el establecimiento:** hier: Geschäft, Laden. • 6 f. **tener muchas varas de fondo:** sehr lang sein, weit nach hinten gehen (*la vara*, ant.: Elle [Maßeinheit]). • 7 **arriar:** hier: herumstoßen. • 8 **el silbido:** Pfiff. • 8 f. **el salivaso** (Criol.): *el salivazo* (Arg.): Spucke; hier: das Spucken. • 9 **la trompada** (fam.): heftiger Schlag, Fausthieb. • 10 **atajar** (Arg.): abwehren. • **la cachetada** (Am.): Ohrfeige. • 11 **el fleco:** Franse. • **inofensivo/a:** harmlos. • 12 **pa** (Criol.): *para.* • 13 **la paré** (Criol.): *la pared.* • 14 **hacer espaldas en algo:** mit dem Rücken zu etwas stehen. • **pitar** (Am.): rauchen. • 17 **ensangrentado/a:** blutig, blutverschmiert. • 17 f. **con ese viento de chamuchina pifiadora detrás** (Am., fam.): unter höhnischem Gelächter der Menge (*la chamuchina*, Am.: Pöbel, Menge).

china pifiadora detrás. Silbando, chicoteado, escupido, recién habló cuando se enfrentó con Rosendo. Entonces lo miró y se despejó la cara con el antebrazo y dijo estas cosas:

– Yo soy Francisco Real, un hombre del Norte. Yo soy Francisco Real, que le dicen el Corralero. Yo les he consentido a estos infelices que me alzaran la mano, porque lo que estoy buscando es un hombre. Andan por ahí unos bolaceros diciendo que en estos andurriales hay uno que tiene mentas de cuchillero, y de malo, y que le dicen el Pegador. Quiero encontrarlo pa que me enseñe a mí, que soy naides, lo que es un hombre de coraje y de vista.

Dijo esas cosas y no le quitó los ojos de encima. Ahora le relucía un cuchillón en la mano derecha, que en fija lo había traído en la manga. Alrededor se habían ido abriendo los que empujaron, y todos los mirábamos a los dos, en un gran silencio. Hasta la jeta del mulato ciego que tocaba el violín, acataba ese rumbo.

En eso, oigo que se desplazaban atrás, y me veo en

1 **chicoteado/a** (Criol.): verprügelt, geschlagen. • 2 **enfrentarse con alg.:** jdm. gegenübertreten. • 3 **despejar:** freimachen; hier: abwischen. • **el antebrazo:** Unterarm. • 7 **consentir:** zulassen, gestatten. • **el/la infeliz** (fam.): Nichtsnutz, armer Tropf. • **alzar:** erheben. • 9 **el bolacero** (Am., fam.): Lügner. • 9 f. **los andurriales** (Criol.): unwegsames Gelände; hier: Gegend. • 10 **el cuchillero** (Arg.): Messerheld. • 12 **naides** (Criol.): nadie. • 13 **un hombre de vista:** ein angesehener Mann, ein Mann mit gutem Ruf. • **el coraje:** Mut. • 15 **relucir:** glänzen. • **el cuchillón** (aum.): *el cuchillo.* • 16 **en fija** (fam.): mit Sicherheit. • **la manga:** Ärmel. • **alrededor** (adv.): ringsherum. • 18 **hasta:** hier: sogar. • **la jeta** (Arg., pey.): Nase. • 19 **acatar:** folgen; hier: zeigen. • 21 **desplazarse:** sich begeben, fortbewegen.

el marco de la puerta seis o siete hombres, que serían la barra del Corralero. El más viejo, un hombre apaisanado, curtido, de bigote entrecano, se adelantó para quedarse como encandilado por tanto hembraje y tanta luz, y se descubrió con respeto. Los otros vigilaban, listos para dentrar a tallar si el juego no era limpio.

¿Qué le pasaba mientras tanto a Rosendo, que no lo sacaba pisotiando a ese balaquero? Seguía callado, sin alzarle los ojos. El cigarro no sé si lo escupió o si se le cayó de la cara. Al fin pudo acertar con unas palabras, pero tan despacio que a los de la otra punta del salón no nos alcanzó lo que dijo. Volvió Francisco Real a desafiarlo y él a negarse. Entonces, el más muchacho de los forasteros silbó. La Lujanera lo miró aborreciéndolo y se abrió paso con la crencha en la espalda, entre el carreraje y las chinas, y se jué a su hombre y le metió la mano en el pecho y le sacó el cuchillo desenvainado y se lo dio con estas palabras:

– Rosendo, creo que lo estarás precisando.

A la altura del techo había una especie de ventana

1 **el marco:** Rahmen. • 2 **la barra** (Arg.): Bande. • 2f. **apaisanado/a:** ländlich. • 3 **curtido/a:** gegerbt. • **el bigote:** Schnurrbart. • **entrecano/a:** graumeliert. • 4 **encandilar:** blenden. • 5 **descubrirse:** den Hut ziehen. • **vigilar:** überwachen, aufpassen. • 6 **dentrar** (Criol.): *entrar.* • 8 **pisotiar** (Criol.): *pisotear:* mit Füßen treten. • **el balaquero** (Criol.): Großmaul. • 10 **acertar con unas palabras:** die richtigen Worte finden. • 11 **despacio** (adv.): hier: leise. • 12 **alcanzar:** erreichen. • 13 **desafiar:** herausfordern. • **negarse:** sich weigern. • 14 **silbar:** pfeifen. • 15 **aborrecer:** verabscheuen. • **abrirse paso:** sich einen Weg bahnen. • 15f. **con la crencha en la espalda** (fig.): hocherhobenen Hauptes (*la crencha:* Scheitel). • 16 **el carreraje** (Criol.): Fuhrmänner; hier (pey.): Männer, Mannsbilder. • 18 **desenvainar:** vom Leder, aus der Scheide ziehen. • 19 **precisar:** benötigen, brauchen. • 20 **la especie:** Art, Spezies.

alargada que miraba al arroyo. Con las dos manos recibió Rosendo el cuchillo y lo filió como si no lo reconociera. Se empinó de golpe hacia atrás y voló el cuchillo derecho y fue a perderse ajuera, en el Maldonado. Yo sentí como un frío.

– De asco no te carneo – dijo el otro, y alzó, para castigarlo, la mano. Entonces la Lujanera se le prendió y le echó los brazos al cuello y lo miró con esos ojos y le dijo con ira:

– Déjalo a ése, que nos hizo creer que era un hombre.

Francisco Real se quedó perplejo un espacio y luego la abrazó como para siempre y les gritó a los musicantes que le metieran tango y milonga y a los demás de la diversión, que bailáramos. La milonga corrió como un incendio de punta a punta. Real bailaba muy grave, pero sin ninguna luz, ya pudiéndola. Llegaron a la puerta y gritó:

– ¡Vayan abriendo cancha, señores, que la llevo dormida!

Dijo, y salieron sien con sien, como en la marejada del tango, como si los perdiera el tango.

Debí ponerme colorao de vergüenza. Di unas vuel-

1 **alargado/a:** länglich. • 2 **filiar** (fam.): etwa: auf seine Herkunft untersuchen (*la filiación:* Herkunft, Personalien). • 3 **empinarse hacia atrás:** nach hinten beugen (*empinar:* aufstellen). • 4 **ajuera** (Criol.): *afuera.* • 6 **el asco:** Ekel. • **carnear** (Am.): schlachten, erstechen. • 7 f. **se le prendió** (fam.): sie hat sich an ihn drangehängt. • 9 **la ira:** Zorn. • 11 **el espacio:** Raum; hier: Moment. • 15 **el incendio:** Brand, Feuer. • 18 **abrir cancha:** Platz machen (*la cancha*, Am.: Platz, Raum). • 20 **sien con sien** (loc.): Wange an Wange, eng umschlungen (*la sien:* Schläfe). • **la marejada** (Arg.): Wippen, Wiegeschritt (beim Tangotanzen). • 22 **ponerse colorao** (Criol.): *ponerse colorado:* rot werden, erröten.

titas con alguna mujer y la planté de golpe. Inventé que era por el calor y por la apretura y juí orillando la paré hasta salir. Linda la noche, ¿para quién? A la vuelta del callejón estaba el placero, con el par de guitarras derechas en el asiento, como cristianos. Dentré a amargarme de que las descuidaran así, como si ni pa recoger changangos sirviéramos. Me dio coraje de sentir que no éramos naides. Un manotón a mi clavel de atrás de la oreja y lo tiré a un charquito y me quedé un espacio mirándolo, como para no pensar en más nada. Yo hubiera querido estar de una vez en el día siguiente, yo me quería salir de esa noche. En eso, me pegaron un codazo que jue casi un alivio. Era Rosendo, que se escurría solo del barrio.

– Vos siempre has de servir de estorbo, pendejo – me rezongó al pasar, no sé si para desahogarse, o ajeno. Agarró el lado más oscuro, el del Maldonado; no lo volví a ver más.

Me quedé mirando esas cosas de toda la vida – cielo hasta decir basta, el arroyo que se emperraba solo ahí

1 **plantar a alg:** jdn. versetzen; hier: jdn. stehenlassen. • 2 **la apretura:** Gedränge, Enge. • **orillar algo:** etwas säumen; hier: an etwas entlanggehen. • 6 **amargarse:** verbittert werden. • **descuidar:** vernachlässigen, unbeachtet lassen. • 7 **recoger:** hier: mitnehmen. • **el changango** (Criol., fam.): etwa: Klimperkasten. • 8 **el manotón:** Schlag mit der Hand. • **el clavel:** Nelke. • 9 **el charquito** (dim.): *el charco:* Pfütze. • 11 **de una vez:** mit einem Mal. • 13 **el codazo:** Stoß mit dem Ellbogen. • **el alivio:** Erleichterung, Erlösung. • 14 **escurrirse:** abhauen. • 15 **vos** (Arg. u.a.): *tú* (vgl. S. 9). • **el pendejo** (fam.): Dummkopf, Idiot. • 16 **rezongar:** murren, murmeln. • **desahogarse:** sich Erleichterung verschaffen. • 16f. **o ajeno:** etwa: oder aus einem anderen Grund (*ajeno/a:* fremd). • 17 **agarrar:** (er)greifen; hier: nehmen. • 20 **emperrarse** (fam.): sich hartnäckig wiedersetzen; hier: stur vor sich hin fließen.

abajo, un caballo dormido, el callejón de tierra, los hornos – y pensé que yo era apenas otro yuyo de esas orillas, criado entre las flores de sapo y las osamentas. ¿Qué iba a salir de esa basura sino nosotros, gritones pero blandos para el castigo, boca y atropellada no más? Sentí después que no, que el barrio cuanto más aporriao, más obligación de ser guapo. ¿Basura? La milonga déle loquiar, y déle bochinchar en las casas, y traía olor a madreselvas el viento. Linda al ñudo la noche. Había de estrellas como para marearse mirándolas, unas encima de otras. Yo forcejiaba por sentir que a mí no me representaba nada el asunto, pero la cobardía de Rosendo y el coraje insufrible del forastero no me querían dejar. Hasta de una mujer para esa noche se había podido aviar el hombre alto. Para ésa y para muchas, pensé, y tal vez para todas, porque la Lujanera era cosa seria. Sabe Dios qué lado agarraron. Muy lejos no podían estar. A lo mejor ya se estaban empleando los dos, en cualesquiera cuneta.

Cuando alcancé a volver, seguía como si tal cosa el bailongo.

2 **el yuyo** (Am.): Unkraut. • 3 **las flores de sapo** (fam.): Krötenlaich (*el sapo:* Kröte). • **la osamenta:** Gerippe, Gebein. • 4 **el gritón / la gritona** (fam.): Schreihals. • 7 **aporriao** (Criol.): *aporreado:* geprügelt (*aporrear:* heftig schlagen). • **guapo/a** (Arg.): hart, mutig. • 7f. **la milonga déle loquiar, y déle bochinchar** (Criol.): etwa: die Milonga schallte ununterbrochen und trieb einen in den Wahnsinn (*loquiar*, Criol.: *enloquecer; bochinchar*, fam.: Krach machen). • 9 **la madreselva** (bot.): Geißblatt. • **al ñudo** (Am.): vergebens. • 11 **forcejiar** (Criol.): *forcejear:* sich anstrengen, sehr bemühen. • 13 **la cobardía:** Feigheit. • **insufrible:** unerträglich. • 15 **aviar:** versehen, austatten. • 18f. **estar empleándose** (fam.): zugange sein. • 19 **la cuneta:** Straßengraben. • 20 **alcanzar a hacer algo:** es schaffen etwas zu tun. • 21 **el bailongo** (fam.): Getanze.

Haciéndome el chiquito, me entreveré en el montón, y vi que alguno de los nuestros había rajado y que los norteros tangueaban junto con los demás. Codazos y encontrones no había, pero sí recelo y decencia. La música parecía dormilona, las mujeres que tangueaban con los del Norte, no decían esta boca es mía.

Yo esperaba algo, pero no lo que sucedió.

Ajuera oímos una mujer que lloraba, y después la voz que ya conocíamos, pero serena, casi demasiado serena, como si ya no juera de alguien, diciéndole:

– Entrá, m'hija – y luego otro llanto. Luego la voz como si empezara a desesperarse.

– ¡Abrí te digo, abrí guacha arrastrada, abrí, perra! – Se abrió en eso la puerta tembleque, y entró la Lujanera, sola. Entró mandada, como si viniera arreándola alguno.

– La está mandando un ánima – dijo el Inglés.

– Un muerto, amigo – dijo entonces el Corralero. El rostro era como de borracho. Entró, y en la cancha que le abrimos todos, como antes, dio unos pasos ma-

1 **chiquito/a:** winzig, sehr klein. • 1f. **entreverarse en el montón** (Arg.): sich unter die Leute mischen. • 2 **rajar(se)** (Arg., fam.): abhauen. • 3 **tanguear** (fam.): Tango tanzen. • 4 **el encontrón:** Zusammenstoß. • **el recelo:** Argwohn, Misstrauen. • 4f. **la decencia:** Anstand. • 5 **dormilón, -ona:** einschläfernd. • 6 **no decir esta boca es mía** (fig.): kein Wort sagen. • 12 **entrá, m'hija** (Arg., fam.): *entra mi hija* (vgl. S. 9). • 13 **desesperarse:** verzweifeln; sich ärgern. • 14 **abrí** (Criol.): *abre.* • **la guacha arrastrada** (Arg., fam.): etwa: faule Hündin. • **la perra:** Hündin; hier (vulg.): Hure. • 15 **tembleque:** zitternd, bebend. • 16f. **como si viniera arreándola alguno:** als wenn ihr jd. einen Stoß versetzt hätte (*arrear:* verpassen). • 18 **el ánima:** Seele, Geist. • 20 **el rostro:** Gesicht.

reados – alto, sin ver – y se fue al suelo de una vez, como poste. Uno de los que vinieron con él, lo acostó de espaldas y le acomodó el ponchito de almohada. Esos ausilios lo ensuciaron de sangre. Vimos entonces que traiba una herida juerte en el pecho; la sangre le encharcaba y ennegrecía un lengue punzó que antes no lo oservé, porque lo tapó la chalina. Para la primera cura, una de las mujeres trujo caña y unos trapos quemados. El hombre no estaba para esplicar. La Lujanera lo miraba como perdida, con los brazos colgando. Todos estaban preguntándose con la cara y ella consiguió hablar. Dijo que luego de salir con el Corralero, se jueron a un campito, y que en eso cae un desconocido y lo llama como desesperado a pelear y le infiere esa puñalada y que ella jura que no sabe quién es y que no es Rosendo. ¿Quién le iba a creer?

El hombre a nuestros pies se moría. Yo pensé que no le había temblado el pulso al que lo arregló. El hombre, sin embargo, era duro. Cuando golpeó, la Julia había estao cebando unos mates y el mate dio la vuelta redonda y volvió a mi mano, antes que fallecie-

1 f. **irse al suelo como poste** (fig.): wie ein Sack Mehl umfallen (*el poste:* Pfosten). • 3 **acomodar:** unterbringen; hier: anpassen, richten. • 4 **el ausilio** (Criol.): *el auxilio:* Hilfe, Beistand. • **ensuciar:** beschmutzen, beflecken. • 5 **traiba** (Criol.): *traía.* • **juerte** (Criol.): *fuerte.* • 5 f. **encharcar:** Pfützen hinterlassen. • 6 **ennegrecer:** schwärzen. • **el lengue** (Criol.): Halstuch, dünner Schal. • **punzó** (Am., inv.): leuchtend rot. • 7 **oservar** (Criol.): *observar.* • **tapar:** bedecken, verdecken. • 8 **trujo** (Criol.): *trajo.* • 9 **esplicar** (Criol.): *explicar.* • 13 **caer:** hier: überfallen, angreifen. • 14 **inferir:** hier: zufügen. • 15 **la puñalada:** Dolchstoß (*el puñal:* Dolch). • 18 **arreglar:** hier: verletzen. • 20 **estao** (Criol.): *estado.* • **cebar mate:** Matetee aufgießen (vgl. S. 5). • 21 f. **fallecer:** sterben.

ra. «Tápenme la cara», dijo despacio, cuando no pudo más. Sólo le quedaba el orgullo y no iba a consentir que le curiosearan los visajes de la agonía. Alguien le puso encima el chambergo negro, que era de copa altísima. Se murió abajo del chambergo, sin queja. Cuando el pecho acostado dejó de subir y bajar, se animaron a descubrirlo. Tenía ese aire fatigado de los difuntos; era de los hombres de más coraje que hubo en aquel entonces, dende la Batería hasta el Sur; en cuanto lo supe muerto y sin habla, le perdí el odio.

– Para morir no se precisa más que estar vivo – dijo una del montón, y otra, pensativa también:

– Tanta soberbia el hombre, y no sirve más que pa juntar moscas.

Entonces los norteros jueron diciéndose una cosa despacio y dos a un tiempo la repitieron juerte después:

– Lo mató la mujer.

Uno le gritó en la cara si era ella, y todos la cercaron. Ya me olvidé que tenía que prudenciar y me les atravesé como luz. De atolondrado, casi pelo el fiyingo. Sentí que muchos me miraban, para no decir todos. Dije como con sorna:

2 **el orgullo:** Stolz. • 3 **curiosear:** neugierig betrachten. • **el visaje:** Miene, Grimasse. • **la agonía:** Todeskampf. • 4 **la copa:** hier: Kopfteil eines Hutes. • 5 **la queja:** Klage. • 6f. **animarse a hacer algo:** den Mut fassen etwas zu tun. • 7 **fatigado/a:** erschöpft. • 8 **el difunto / la difunta:** Verstorbene(r). • 9 **en aquel entonces** (loc.): damals, zu jener Zeit. • 12 **pensativo/a:** nachdenklich. • 13 **la soberbia:** Hochmut, Überheblichkeit. • 14 **juntar:** versammeln; hier etwa: anziehen. • 18f. **cercar:** umgeben; hier: einkreisen, umringen. • 19 **prudenciar(se)** (Am.): vorsichtig sein. • 20 **atravesar:** hier: durchdringen. • **pelar** (Criol.): herausholen, ziehen (Messer). • 20f. **el fiyingo** (Criol.): Messer. • 22 **la sorna:** sarkastischer Unterton, Spott.

– Fijensén en las manos de esa mujer. ¿Qué pulso ni qué corazón va a tener para clavar una puñalada?

Añadí, medio desganado de guapo:

– ¿Quién iba a soñar que el finao, que asegún dicen, era malo en su barrio, juera a concluir de una manera tan bruta y en un lugar tan enteramente muerto como éste, ande no pasa nada, cuando no cae alguno de ajuera para distrairnos y queda para la escupida después?

El cuero no le pidió biaba a ninguno.

En eso iba creciendo en la soledá un ruido de jinetes. Era la policía. Quien más, quien menos, todos tendrían su razón para no buscar ese trato, porque determinaron que lo mejor era traspasar el muerto al arroyo. Recordarán ustedes aquella ventana alargada por la que pasó en un brillo el puñal. Por ahí pasó después el hombre de negro. Lo levantaron entre muchos y de cuanto centavos y cuanta zoncera tenía, lo alijeraron esas manos y alguno le hachó un dedo para refalarle el anillo. Aprovechadores, señor, que así se

1 **fijensén** (fam.): *fíjense.* • **el pulso** (fig.): ruhige Hand; hier: Kaltblütigkeit. • 2 **clavar** (fam.): verpassen. • 3 **desganado/a:** lustlos, unwillig. • **de guapo** (Criol.): mutig. • 4 **el finao** (Criol.): *el finado.* • **asegún** (Criol.): *según.* • 5 **concluir:** enden, zu Ende gehen. • 7 **ande** (Criol.): *donde.* • 8 **distrairnos** (Criol.): *distraernos.* • **la escupida** (Arg.): Spucke. • 9 **el cuero:** hier: die Bande des »Corralero«. • **la biaba** (Arg., fam.): Prügel. • 10f. **el jinete:** Reiter. • 12 **el trato:** hier: Umgang. • 12f. **determinar:** bestimmen, beschließen. • 13 **traspasar:** übergeben. • 16f. **lo levantaron ... zoncera tenía** (fam.): etwa: sie nahmen ihm alles weg, was er an Geld und Ramsch bei sich hatte (*la zoncera:* Albernheit). • 17f. **alijerar** (Criol.): *aliviar:* leichter machen, erleichtern. • 18 **hachar:** (ab)hacken. • 19 **refalar** (Am.): entwenden, wegnehmen. • **el aprovechador / la aprovechadora:** jd., der etwas oder jdn. ausnutzt (*aprovechar:* [aus]nutzen).

le animaban a un pobre dijunto indefenso, después que lo arregló otro más hombre. Un envión y el agua torrentosa y sufrida se lo llevó. Para que no sobrenadara, no sé si le arrancaron las vísceras, porque preferí no mirar. Él de bigote gris no me quitaba los ojos. La Lujanera aprovechó el apuro para salir.

Cuando echaron su vistazo los de la ley, el baile estaba medio animado. El ciego del violín le sabía sacar unas habaneras de las que ya no se oyen. Ajuera estaba queriendo clariar. Unos postes de ñandubay sobre una lomada estaban como sueltos, porque los alambrados finitos no se dejaban divisar tan temprano.

Yo me fui tranquilo a mi rancho, que estaba a unas tres cuadras. Ardía en la ventana una lucesita, que se apagó en seguida. De juro me apuré a llegar, cuando me di cuenta. Entonces, Borges, volví a sacar el cuchillo corto y filoso que yo sabía cargar aquí, en el chaleco, junto al sobaco izquierdo, y le pegué otra revisada despacio, y estaba como nuevo, inocente, y no quedaba ni un rastrito de sangre.

Historia universal de la infamia, 1935

1 **el dijunto** (Criol.): *el difunto*. • **indefenso/a:** wehrlos. • 2 **el envión:** Stoß. • 3 **torrentoso/a** (Am.): reißend, wild. • **sufrido/a:** hier: geduldig, nachsichtig. • 3 f. **sobrenadar:** oben, auf der Oberfläche schwimmen. • 4 **arrancar:** ausreißen, herausziehen. • **las vísceras:** Eingeweide. • 7 **el vistazo:** Blick. • 9 **las habaneras:** hier: Lieder aus Havanna, Cuba. • 10 **clariar** (Criol.): *clarear:* hell werden, Tag werden. • **el ñandubay** (bot.): Mimosengewächs. • 11 **la lomada** (Am.): Anhöhe. • 11 f. **el alambrado:** Drahtzaun. • 14 **la cuadra** (Am.): Wegemaß; entspricht etwa 100 m. • **arder:** brennen. • **la lucesita** (dim.): *la luz*. • 15 **de juro** (Criol.): *de verdad*. • 18 **pegarle otra revisada a algo** (Arg., fam.): etwas nochmals überprüfen. • 20 **el rastrito** (dim.): *el rastro:* Spur.

La trama

Para que su horror sea perfecto, César, acosado al pie de una estatua por los impacientes puñales de sus amigos, descubre entre las caras y los aceros la de Marco Junio Bruto, su protegido, acaso su hijo, y ya no se defiende y exclama: *¡Tú también, hijo mío!* Shakespeare y Quevedo recogen el patético grito.

Al destino le agradan las repeticiones, las variantes, las simetrías; diecinueve siglos después, en el sur de la provincia de Buenos Aires, un gaucho es agredido por otros gauchos y, al caer, reconoce a un ahijado suyo y le dice con mansa reconvención y lenta sorpresa

1 **la trama:** Handlung; Intrige, Komplott. • 2 **acosar:** bedrängen. • 3 **impaciente:** ungeduldig; hier: begierig. • **el puñal:** Dolch. • 4 **el acero:** Stahl. • 5 **Bruto:** Marcus Iunius Brutus Caepio (85–42 v.Chr.); römischer Politiker, einer der Mörder Caesars. Da seine Mutter Servilia eine Geliebte von Caesar war, erzählen Legenden, dass Caesar Brutus' leiblicher Vater gewesen sei. • **el protegido / la protegida:** Mündel, Günstling. • **acaso** (adv.): vielleicht, möglicherweise. • 6 **exclamar:** ausrufen. • 7 **Quevedo:** Francisco Gómez de Quevedo y Santibáñez Villegas (1580–1645); Schriftsteller des Siglo de Oro, Autor des berühmten Schelmenromans *Historia de la vida del Buscón*, verfasste auch eine *Vida de Marco Bruto*. • **recoger:** hier: wieder aufnehmen. • **patético/a:** ergreifend, schmerzvoll. • 9 **el destino:** Schicksal. • **agradar:** gefallen. • 11 **agredir:** angreifen, überfallen. • 12 **el ahijado / la ahijada:** Patenkind. • 13 **manso/a:** mild, sanft. • **la reconvención:** Vorwurf, Rüge.

(estas palabras hay que oírlas, no leerlas): *¡Pero, che!* Lo matan y no sabe que muere para que se repita una escena.

El hacedor, 1960

1 **pero, che** (Arg., fam.): etwa: he!; typisch argentinischer Ausruf, um jds. Aufmerksamkeit zu erwecken.

Diálogo sobre un diálogo

A. – Distraídos en razonar la inmortalidad, habíamos dejado que anocheciera sin encender la lámpara. No nos veíamos las caras. Con una indiferencia y una dulzura más convincentes que el fervor, la voz de Macedonio Fernández repetía que el alma es inmortal. Me aseguraba que la muerte del cuerpo es del todo insignificante y que morirse tiene que ser el hecho más nulo que puede sucederle a un hombre. Yo jugaba con la navaja de Macedonio; la abría y la cerraba. Un acordeón vecino despachaba infinitamente la Cumparsita, esa pamplina consternada que les gusta a muchas personas, porque les mintieron que es vieja ... Yo le propuse a Macedonio que nos suicidáramos, para discutir sin estorbo.

2 **razonar algo:** etwas darlegen, begründen. • **la inmortalidad:** Unsterblichkeit (*inmortal:* unsterblich). • 3 **anochecer:** dunkel werden. • 4 **la indiferencia:** Gleichgültigkeit. • 4f. **la dulzura:** Sanftheit. • 5 **convincente:** überzeugend. • **el fervor:** Inbrunst, Eifer. • 5f. **Macedonio Fernández:** argentinischer Schriftsteller (1874–1952); enger Freund Borges'. • 7 **asegurar:** versichern. • 7f. **insignificante:** unbedeutend. • 8f. **nulo/a:** nichtig. • 10 **la navaja:** Taschenmesser. • 11 **despachar:** abschicken; hier (fig.): ertönen lassen. • **infinitamente:** endlos. • **La Cumparsita:** beliebter Tango, 1916 von dem uruguayischen Musiker Gerardo Matos Rodríguez komponiert. • 12 **la pamplina** (fam.): dummes Zeug, Unsinn. • **consternado/a:** verwirrend, unruhig, fahrig. • 14 **suicidarse:** Selbstmord begehen, sich umbringen. • 15 **el estorbo:** Störung.

Z (burlón). – Pero sospecho que al final no se resolvieron.

A (ya en plena mística). – Francamente no recuerdo si esa noche nos suicidamos.

El hacedor, 1960

1 **burlón, -ona:** spöttisch. • 1 f. **resolverse:** sich entschließen. • 3 **la mística:** Mystik. • **francamente:** offen gesagt.

El cautivo

En Junín o en Tapalquén refieren la historia. Un chico desapareció después de un malón; se dijo que lo habían robado los indios. Sus padres lo buscaron inútilmente; al cabo de los años, un soldado que venía de tierra adentro les habló de un indio de ojos celestes que bien podía ser su hijo. Dieron al fin con él (la crónica ha perdido las circunstancias y no quiero inventar lo que no sé) y creyeron reconocerlo. El hombre, trabajado por el desierto y por la vida bárbara, ya no sabía oír las palabras de la lengua natal, pero se dejó conducir, indiferente y dócil, hasta la casa. Ahí se detuvo, tal vez porque los otros se detuvieron. Miró la puerta, como sin entenderla. De pronto bajó la cabeza, gritó, atravesó corriendo el zaguán y los dos largos patios y se metió en la cocina. Sin vacilar, hundió el brazo en la ennegrecida campana y sacó el cuchillito

1 **el cautivo / la cautiva:** Gefangene(r). • 2 **Junín / Tapalquén:** Städte im Norden der argentinischen Provinz Buenos Aires. • **referir:** berichten, erzählen. • 3 **el malón** (Am.): plötzlicher Überfall durch Indianer. • 4f. **inútilmente:** vergeblich. • 5 **al cabo de:** nach (*el cabo:* Ende). • 5f. **de tierra adentro:** aus dem Landesinneren. • 6 **celeste:** himmel-, hellblau. • 7 **dar con alg.:** auf jdn. stoßen, jdn. finden. • 10 **bárbaro/a:** barbarisch, wild. • 12 **dócil:** fügsam. • 15 **el zaguán:** Vorhalle, Hausflur. • 16 **sin vacilar:** ohne zu zögern (*vacilar:* schwanken, unschlüssig sein). • **hundir:** versenken; hier: hineinstecken. • 17 **ennegrecerse:** schwarz werden. • **la campana:** Glocke; hier: Rauchfang; Kaminsturz.

de mango de asta que había escondido ahí, cuando chico. Los ojos le brillaron de alegría y los padres lloraron porque habían encontrado al hijo.

Acaso a este recuerdo siguieron otros, pero el indio no podía vivir entre paredes y un día fue a buscar su desierto. Yo querría saber qué sintió en aquel instante de vértigo en que el pasado y el presente se confundieron; yo querría saber si el hijo perdido renació y murió en aquel éxtasis o si alcanzó a reconocer, siquiera como una criatura o un perro, los padres y la casa.

El hacedor, 1960

1 **el mango:** Stiel, Griff. • **el asta** (f.): Horn. • 4 **acaso** (adv.): vielleicht, möglicherweise. • 7 **el vértigo:** Schwindel, Rausch. • 7 f. **confundirse:** hier: sich vermischen. • 8 **renacer:** wiedergeboren werden. • 9 **el éxtasis:** Verzückung, Ekstase. • **alcanzar a hacer algo:** es schaffen etwas zu tun. • 9 f. **siquiera** (adv.): wenigstens, zumindest. • 10 **la criatura:** hier: Kleinkind.

Editorische Notiz

Der spanische Text folgt der Ausgabe: Jorge Luis Borges, *Prosa completa*, 2 Bde., Barcelona: Bruguera, 1980. Das Glossar enthält alle Wörter, die nicht im *Thematischen Grund- und Aufbauwortschatz Spanisch* von José María Navarro und Axel J. Navarro Ramil (Stuttgart: Klett, 2001) enthalten sind. Dabei wird der Grundwortschatz als bekannt vorausgesetzt; Wörter, die zum Aufbauwortschatz zählen, werden bei Bedarf erklärt. Allerdings wird bei auch im Deutschen und Englischen verständlichen und geläufigen Begriffen auf eine Erklärung verzichtet. Ebenso werden auch Wörter, die ihrer Form nach, beispielsweise durch regelmäßige Affixbildung, leicht zu erschließen sind, nicht erklärt, soweit das jeweilige Grundwort bekannt ist.

Im Glossar verwendete spanische Abkürzungen

adv.	adverbio (Adverb)
alg.	alguien, alguno (jemand)
Am.	Americanismo (Amerikanismus: nur in Lateinamerika gebräuchlich)
ant.	anticuado (veraltet)
Arg.	Argentina (nur in Argentinien gebräuchlich)
aum.	aumentativo (Vergrößerungsform)
bot.	botánica (Botanik)
Criol.	Criollismo (Regionalismen aus dem Gauchomilieu)
dim.	diminutivo (Diminutiv)
elev.	elevado (gehoben)
f.	femenino (weiblich)
fam.	lenguaje familiar (umgangssprachlich)
fig.	sentido figurado (sinnbildlich, übertragen)
fil.	filosofía (Philosophie)

fr.	francés (französisch)
geo.	geografía (Geographie)
inf.	infinitivo (Infinitiv)
ingl.	inglés (englisch)
inv.	invariable (unveränderlich)
lat.	latino (lateinisch)
loc.	locución (Redewendung)
m.	masculino (männlich)
mil.	militar (Militär)
pey.	peyorativo (abwertend)
pl.	plural (Plural)
subj.	subjuntivo (spanischer Konjunktiv)
vulg.	lenguaje vulgar (vulgär)

Literaturhinweise

Arnold, Fritz / Haefs, Gisbert (Hrsg.), *Borges lesen*, mit Beiträgen von Jorge Luis Borges, Fritz Rudolf Fries, Octavio Paz, Marguerite Yourcenar und Gisbert Haefs, Frankfurt a.M.: S. Fischer, 1991.

Borges, Jorge Luis, *Gesammelte Werke in zwölf Bänden*, hrsg. von Fritz Arnold und Gisbert Haefs, München: Hanser, 1999 ff.

Canto, Estela, *Borges im Gegenlicht*, München: Kunstmann, 1998.

De Toro, Alfonso (Hrsg.), Jorge Luis Borges: Ciencia y Filosofía, Hildesheim: Olms, 2007.

Hanke-Schaefer, Adelheid, *Jorge Luis Borges zur Einführung*, Hamburg: Junius, 1999.

Manguel, Alberto, *With Borges*, Markham (Ontario): Thomas Allen, 2004.

Schlaffer, Heinz, *Borges*, Frankfurt a.M.: S. Fischer, 1993.

Woodall, James, *The Man in the Mirror of the Book. A Life of Jorge Luis Borges*, London: Hodder & Stoughton, 1996.

Nachwort

Borges oder die Melancholie des Wissens

Kaum ein anderer Autor des 20. Jahrhunderts verführt so sehr zur Nachahmung wie Jorge Luis Borges. Ein guter Teil der Postmoderne beruft sich auf ihn, die phantastische Literatur findet sich in ihm wieder, und so mancher Autor hat im Gefolge von Borges seine Erzählungen mit Fußnoten und Anmerkungen über imaginäre Bücher bereichert. Borges hat der Literatur das Spiel zurückgebracht, doch im Gegensatz zu mancher postmodernen Wiese handelt es sich um ein ernstes Spiel. Vielleicht gibt es noch einen zweiten Autor, der die Lust zur Nachahmung derart beflügelt hat – Franz Kafka.

Wie Kafkas Art zu schreiben, aber vor allem seine Thematik das Adjektiv »kafkaesk« hervorbrachten, so sprach man bald auch von »borgesk«, wenn sich in Texten Labyrinthe und Spiegel, die Gelehrsamkeit und das Geheimnis ungebührlich ausbreiteten. Diese Adjektivierungen bilden nicht die einzigen Parallelen der beiden Autoren. Kafkas Kurzprosa war für Borges sicherlich eine Inspiration. So hat er etwa »Die Verwandlung« übersetzt und in der Übersetzung ›borgifiziert‹. Texte sind niemals stabil. So wenig wie man zweimal als derselbe in denselben Fluss steigt, so wenig sind literarische Werke festgelegt. Jede Lektüre, jede Interpretation verändert sie und mit ihnen anliegende Werke – eine These, die schon T. S. Eliot in seinem berühmten Essay »Tradition and the Individual Talent« vertrat.

So würden wir Kafka ohne Borges ein wenig anders lesen. Mit Borges' Augen sehen wir einen Prager Autor, der Kurzgeschichten über Labyrinthe, die Nacht und Zweikämpfe geschrieben hat und dessen geistiges Milieu das des Golems und der jüdischen Kabbala war. Borges war sich dieser Verengung bewusst und hat sie reflektiert in einem Essay über die Vorläufer Kafkas. Im Lichte Kafkas entsteht demnach eine Reihe von Werken und Autoren, die zuvor in keiner Weise verwandt schienen. Sie bilden eine Gruppe nicht von *Nach-*, sondern *Vorahmern.* Zu dieser geistigen Konstellation, die eines Tages Kafka hervorbringen wird, gehören Borges zufolge der Grieche Zenon mit seinem Paradox über die Bewegung, eine chinesische Fabel über Einhörner, Kierkegaards Reflexionen über Nordpolexpeditionen, ein Gedicht Robert Brownings sowie Erzählungen von Léon Bloy und Lord Dunsany. In all diesen Texten spürt Borges die Wesensart Kafkas: »Tatsache ist, daß jeder Schriftsteller seine Vorläufer *erschafft.*«[1] In diesem Sinne hat Borges auch Kafka erschaffen. In seiner Erzählung »Die Lotterie von Babylon« findet sich eine Anspielung auf den Prager Autor. Im dort geschilderten Staat, der von der Lotterie, das heißt dem Zufall, regiert wird, gibt es eine heilige Latrine mit dem Namen Qaphqa, eine arabisierende Umschrift des tschechischen Namens. Im Lichte Kafkas, so möchte man schließen, ist nicht einmal mehr Kafka derselbe. Borges sah daher im frühen Kafka viel weniger einen Vorläufer für den späteren Kafka als in den genannten Autoren und Werken.

Kafka ist ein Beispiel dafür, wie Borges mit Traditionen umgeht, ja sie erschafft. Dieser Umgang zeigt, dass für Borges die Zeit als Linearität und Kausalität ein Problem war. Zenons Paradoxien vom Pfeil, der sein Ziel nicht erreicht, oder von Achilles, der die Schildkröte niemals einholt, weil jede Strecke unendlich oft unterteilt werden kann, sind Sinnbilder einer solchen Negation des Vertrauten. In Borges' Erzählung »El milagro secreto« (»Das geheime Wunder«) wird einem *alter ego* Kafkas, dem Prager Juden Jaromir Hladík, von Gott eine Sekunde zwischen Schießbefehl und der Erschießung geschenkt. Sie weitet sich zu einem geheimen Jahr aus, in dem er sein Hauptwerk beenden kann. In der realen Welt ist gerade ein Wassertropfen über seine Wange gelau-

1 »Kafka und seine Vorläufer«, in: *Inquisitionen. Gesammelte Werke in zwölf Bänden, Band 3: Essays 3*, München: Hanser 2003, S. 116.

fen, dann trifft ihn der tödliche Schuss. In anderen Geschichten beschäftigt sich Borges mit der Unsterblichkeit (»Der Unsterbliche«), er schreibt eine »Geschichte der Ewigkeit« oder eine »Neue Widerlegung der Zeit«.[2] Die Zeittheorien des englischen Ingenieurs und Piloten J. W. Dunne beschäftigten ihn immer wieder, so wie H. G. Wells und seine *Zeitmaschine*, die Zeitordnung der Träume und der orientalischen Märchen. Eines seiner beliebtesten Zitate ist das Wort des Augustinus aus dem 11. Buch seiner *Bekenntnisse*: »Was also ist die Zeit? Wenn niemand mich danach fragt, weiß ich's, will ich's aber einem Fragenden erklären, weiß ich's nicht.« Warum diese Obsession mit Zeit und Ewigkeit? In Borges' Auseinandersetzung mit Zwängen sehen wir einen Rebellen, der nach Auswegen aus dem konventionellen Denken sucht, der allerdings auch den Konventionen verpflichtet ist, bis zur Zwanghaftigkeit. Auch darin ist Borges Kafka ähnlich. Hier, in der Auseinandersetzung mit der Zeit, konnte er ein geistig freies Leben führen, das ihm in der politisch-biographischen Realität versagt war.

Jorge Luis Borges, geboren 1899 in Buenos Aires, kam aus einer Familie, deren Wurzeln tief in die argentinische Geschichte hineinragen – darunter militärische Vorfahren, die im Unabhängigkeitskrieg gegen Spanien kämpften. Der Vater Jorge Guillermo war Rechtsanwalt und Dozent für Psychologie, aber er war auch literarisch tätig. Wie später sein Sohn erblindete er in der zweiten Lebenshälfte. Seine Bibliothek war für die Erziehung des Sohnes prägend: »Fragte man mich heute nach dem Hauptereignis in meinem Leben, so würde ich die Bibliothek meines Vaters nennen. Tatsächlich glaube ich manchmal, nie aus dieser Bibliothek hinausgefun-

2 Borges bezeichnet sie als »schwächliches Machwerk eines Argentiniers, der sich in die Metaphysik verirrt hat«. In: *Inquisitionen*, S. 180.

3 »Autobiographischer Essay«, in: *Borges über Borges. Gesammelte Werke Band 9*, München: Hanser 1980, S. 12 f.

den zu haben.«[3] Ebenso wichtig wie die Bibliothek des Vaters war aber die Mutter. Leonor Acevedo entstammte einer uruguayisch-argentinischen Familie. Sie sollte ihren Sohn, der bis fast zum 70. Lebensjahr bei ihr lebte, geistig wie praktisch umsorgen, als Mutter, literarische Beraterin und Reisebegleitung. Erst nach seiner Heirat, die nur kurz währte, zog er aus dem gemeinsamen Haushalt aus. In Borges' letzten Jahren wurde María Kodama seine Lebensgefährtin, die bis heute sein literarisches Erbe hütet. Wichtig war für Borges auch die Großmutter väterlicherseits, Fanny Haslam, die aus England stammte und ihm die Liebe zur englischen Literatur vermittelte. So sprach er mit ihr und seinem Vater meist Englisch und auch seine ersten Berührungen mit der Literatur hatten einen englischen Hintergrund. *Don Quijote* etwa las er zuerst auf Englisch. Zu seinen frühesten Arbeiten gehört eine Übersetzung des Märchens »The Happy Prince« von Oscar Wilde, den er sein Leben lang verehrte: kein Besuch in Paris, an dem er nicht Blumen auf Wildes Grab hinterlegt hätte, wie María Kodama einmal verriet.

Borges verbrachte mit der Familie, zu der noch seine Schwester Norah (später eine bekannte Malerin) gehörte, seine Jugendjahre in Europa, vor allem in Genf und Spanien. Dort bekam er Kontakt zu avantgardistischen Kreisen, lernte Deutsch und beschäftigte sich mit dem Expressionismus, arbeitete an Zeitschriften mit und schrieb erste Essays und Gedichte. Nach seiner Rückkehr aus Europa stürzte er sich in Buenos Aires in das literarische Leben, gründete eine Zeitschrift und arbeitete mit an einem spanischen Ableger des Futurismus, dem Ultraismus. Sein erster Gedichtband, *Fervor de Buenos Aires* (»Buenos Aires mit Inbrunst«), evozierte die Stimmung einer Stadt, ihre Vergänglichkeit und ihre überschaubaren, oft ländlichen Züge, die durch den Gauchismo – die argentinische Form des Cowboy- und Rowdytums – präsent waren. Das Buch ist zugleich der nostalgische Versuch des Heimkehrers, sich seiner Ursprünge, seines Raumes gewiss zu werden. Dazu dienen ihm Mythen und Straßen, der

Tango und die Lyrik von Walt Whitman. Vor allem erkundet er Palermo, den Stadtteil von Buenos Aires, in dem er aufgewachsen war. In seinem »Autobiographischen Essay« schrieb er: Das Buch »verherrlichte Sonnenuntergänge, einsame Orte und unwirkliche Winkel; es verstieg sich in Berkeleys Metaphysik und Familiengeschichte [...] Und dennoch, wenn ich zurückblicke, so bin ich nie über dieses Buch hinausgekommen [...] Ich fühle, daß ich im Laufe meines Lebens dieses eine Buch immer wieder geschrieben habe.«[4]

Geschichten aus dieser Welt der Messerstecher, Halunken und Pokergesichter, aber auch aus der Welt des Tango finden sich in seinen Erzählbänden *Historia universal de la infamia* (1935) und *El informe de Brodie* (*David Brodies Bericht*, 1970) sowie in seiner Biographie des jung verstorbenen Lyrikers Evaristo Carriego (1883–1912) aus Palermo. Carriego, der Dichter der Armen und Benachteiligten, gehörte zu Borges' Vorbildern, ebenso wie Leopoldo Lugones, der befreundete Dichter Macedonio Fernández und der Maler/Philosoph Xul Solar. Borges war nicht ein großer Einsamer, sondern verbrachte viele Stunden mit seinen Freunden bei literarischen Gesprächen in Cafés, auf Spaziergängen durch die Vororte von Buenos Aires oder in Landhäusern. Bis ins hohe Alter war er, wie zahlreiche Bände mit Interviews und Dialogen bezeugen, ein gern befragter Gesprächspartner.

Die nächsten Jahrzehnte sollte Borges mit weiteren Zeitschriften zusammenarbeiten, vor allem *Sur*, die von der begnadeten Herausgeberin und Autorin Victoria Ocampo geleitet wurde. Er schrieb zahllose Rezensionen und Einleitungen und übersetzte unter anderem Kafka, Melville und Virginia Woolf. Mit Victorias Schwager, dem Schriftsteller Adolfo Bioy Casares, verfasste er in den vierziger Jahren unter dem gemeinsamen Pseudonym H. Bustos Domecq Kriminalgeschichten. Zum Kreis um *Sur* gehörte in diesen Jahren auch der französische Autor und Philosoph Roger Caillois,

4 Ebd., S. 29.

der Borges als erster in Europa bekannt machte. 1944 erschien das Buch, das wie kein anderes die lateinamerikanische Prosa beeinflussen sollte: *Ficciones*. Eine Zeitlang arbeitete Borges in einer Vorstadtbibliothek als Bibliothekar, 1950 wurde er Präsident des argentinischen Schriftstellerverbandes und begann, englische Literatur zu unterrichten. Er schrieb weiterhin Erzählungen und Kurzprosa, Essays und zahlreiche Vorworte und Rezensionen, etwa auch für die Frauenzeitschrift *El Hogar*. Sein Stil wurde knapper; er pflegte den lakonischen Humor. Auch als Herausgeber von Anthologien trat er in Erscheinung (*Antología de la literatura fantástica*, 1940). 1955 wurde der Diktator Perón gestürzt, der Borges wegen kritischer Kommentare nicht wohlgesonnen war. Für Borges hatte der Sturz des Erzfeindes auch eine symbolische Komponente. Bald danach wurde er zum Direktor der Nationalbibliothek ernannt. Doch gleichzeitig begann er zu erblinden. Diesem Faktum widmete er das Gedicht »Poema de los dones« (»Gedicht von den Gaben«) und sprach oft von der Ironie Gottes, der ihm gleichzeitig achthunderttausend Bücher und die Dunkelheit schenkte.

Der Ruhm erreichte ihn erst 1961 mit dem internationalen Verlegerpreis Formentor, den er zusammen mit Samuel Beckett erhielt. Von nun an häuften sich Einladungen, Auslandsreisen, weitere Preise, auch wenn es nie zum Nobelpreis kam, für den er lange einer der ersten Kandidaten war. Der Grund wird ein politischer gewesen sein. Als Argentinien in den 1970er Jahren von einer neuen Militärjunta regiert wurde, die mit dem Regime von Peróns Witwe Isabel Martínez Schluss machte, begrüßte er das, ohne zu ahnen, welche grausamen Menschenrechtsverletzungen bevorstanden. Auch nahm er einen Orden von der chilenischen Diktatur entgegen. Von da an war Borges für Linksintellektuelle lange Zeit ein rotes Tuch. Man nahm nicht zur Kenntnis, dass er in den 1930er und 1940er Jahren immer auf der antifaschistischen Seite gestanden hatte und politisch im Alter nicht mehr alles verfolgte. Aber als die Schrecken der Junta bekannt wurden, ergriff er deutlich gegen sie Partei. 1983 schrieb er einen offenen Brief an die großen Tageszeitungen, in dem er die Rückkehr der Demokratie begrüßte und das Grauen der Verschleppungen und Folter der Juntajahre brandmarkte.

In der Zeit seiner Erblindung begann er jedoch literarisch neue Entdeckungen zu machen. Er widmete sich nun ganz besonders der alten angelsächsischen und isländischen Dichtung, in der das Mündliche noch nachwirkte. Sie übte insofern wohl einen Reiz auf ihn aus, als er in ihr in verwandelter Form die Messerstecher und Raufbolde seiner Jugend wiedererkannte. Umgekehrt erschienen ihm die argentinischen Kriminellen oft im Licht von Wikingern und Rotschöpfen; man nehme etwa die Beschreibung der Brüder in »La intrusa«. Eine seiner Studentinnen des Angelsächsischen war María Kodama. Sie wurde nach seiner misslungenen kurzen Ehe seine Begleiterin und Betreuerin in den späten Jahren. Ernst Jünger beschrieb sie in seinem Tagebuch *Siebzig verweht* anlässlich eines Besuches von Borges in Wilflingen 1982. Vier Jahre später starb Borges in Genf, nachdem er kurz zuvor María Kodama geheiratet hatte. Er liegt dort im Friedhof Cimetière des Rois begraben.

Autoren spanischer Sprache im 20. Jahrhundert haben Borges ihre Reverenz erwiesen. Sie haben ihn als Erneuerer der Sprache gesehen. Er setzte dem barocken Stil seiner Vorgänger eine trügerische Leichtigkeit entgegen, die sich aus seiner Lektüre fremdsprachiger Texte nährte – ob *Tausendundeine Nacht* in den verschiedensten Übersetzungen, ob Kafka, Chesterton oder Marcel Schwob. Der, der sich immer bescheiden als Leser sah, weniger als Autor, veränderte durch sein Lesen nicht nur die spanische Sprache, sondern gab ihr auch eine neue Reichhaltigkeit von Themen mit. Seine literarischen Zauberstücke in *Ficciones* machen ihn zu dem wichtigsten Begründer des sogenannten Magischen Realismus, der von nun an die Welt erobern würde. Bei aller politischen Kritik, die mancher Zeitgenosse gegen ihn hegen mochte, haben sie ihm doch alle ihren Dank gezollt, von Gabriel García Márquez und Julio Cortázar bis hin zu Octavio Paz, Carlos Fuentes und Ernesto Sabato, mit dem er ein buchlanges Gespräch geführt hat.

In den Vereinigten Staaten, aber auch in Frankreich und Italien hatte Borges gegen Ende seines Lebens Kultstatus erlangt. Viele sind auf ihn aufmerksam geworden durch eine Figur in Umberto Ecos *Der Name der Rose*, in dem Borges als blinder Bibliothekar Burgos auftritt, und auch in *Das Foucaultsche Pendel* finden sich Anspielungen auf Borges' Welt. Amerikanische Schriftsteller der Postmoderne von Paul Auster bis John Barth beziehen sich auf Borges oder haben erst ihre literarische Freiheit durch Borges erhalten.

Diese Freiheit, Erzählungen zu schreiben, stellte für ihn selbst eine große Anstrengung dar. Wie sollte einer, der hauptsächlich las und für den Lektüre eine Form des Glücks darstellte, zu schreiben anfangen, und worüber? Eines Tages aber gelang ihm ein Trick. Er stellte sich vor, er würde den Inhalt eines bereits vorhandenen Buches wiedergeben, das aber in Wirklichkeit gar nicht existierte. Er hatte natürlich schon die eine oder andere kleine Fiktion geschrieben, aber der Durchbruch kam erst mit der Erzählung »El acercamiento a Almotásim« (»Der Weg zu Almotásim«). Was sich hier als Rezension eines mystisch angehauchten Krimis eines gewissen Mir Bahadur Ali aus Bombay gibt, ist tatsächlich die Annäherung an eine eigene Fiktion. Borges' Freund Bioy war so beeindruckt von dem Werk, dass er sich sogleich ein Exemplar des besprochenen Buches bestellte. Die Vorspiegelung, die Erzählung existiere bereits, half Borges schließlich über seine Blockierung hinweg. Von nun an wird die Grenze zwischen Fiktion und sachhaltigem Essay immer schwerer zu ziehen sein. Es ist viel Gelehrtheit in den Erzählungen, und manch Erfindung belebt die Essays, die wie ferne Umrisse von Erzählungen aussehen. Ein Vorbild für diese Methode der Unterwanderung des Realen durch Fiktion und der Fiktion durch Reales waren ihm die *Vies imaginaires* von

Marcel Schwob (1896). Borges' Texte machten diesen Zaubertrick jedoch salonfähig, und so gibt es etwa Stanisław Lems Vorworte zu nicht existierenden Büchern (*Die vollkommene Leere*) oder die Jagd nach dem verlorenen Buch des Aristoteles über das Lachen in Ecos *Der Name der Rose.* Ob reale oder erfundene Bücher, bei Borges gehören sie mit zum Handlungsgang vieler Erzählungen, sie lösen Handlungen aus, beeinflussen oder begleiten sie einfach – oder aber sie sind die Handlung selbst (wie etwa in »El jardín de senderos que se bifurcan« – »Der Garten der Pfade, die sich verzweigen«).

Schon Edgar Allan Poe arbeitete mit dieser Spiegelung von Buch und Fiktion in »Der Untergang des Hauses Usher«. Die Literaturkritik spricht von Metafiktion und Selbstreferenz durch intertextuelle Techniken der Parodie, des Zitats oder des Pastiche. Borges mied solche Termini, wie er überhaupt der Literaturwissenschaft mit einer melancholischen Skepsis gegenüberstand. Er war zwar Professor für englische und amerikanische Literatur, doch ging es ihm nie um Theorien, die womöglich noch abprüfbar sein sollten. Es genügte ihm, Freude an der Lektüre zu wecken und diese wachzuhalten. In diesem Sinne sind auch seine Geschichten der nordamerikanischen, englischen und mittelalterlichen Literatur konzipiert. Sie regen an zum Lesen der literarischen Werke, sie stellen Verbindungen zwischen den Zeiten und Kulturen her. In seinen Erzählungen und Essays machte er diese Freude am Lesen zu einer literarischen Strategie. Es wird in ihnen endlos gelesen, interpretiert, in Antiquarien gestöbert, es werden Bücher geschrieben oder verworfen, vergessen oder verbrannt. In seiner Erzählung »Examen de la obra de Herbert Quain« (»Untersuchung des Werkes von Herbert Quain«, 1941) malt er einen Schriftsteller aus, der in seinem eigenartig verschachtelten Werk mit rückläufigen Mustern arbeitet und mit Angeboten an die Leser, selbst Geschichten zu schreiben, die er dann zu Fall bringt. Quain ist ein Autor von Scheinlösungen für »unvollkommene Schriftsteller«, deren es Legionen gibt. Einer von ihnen ist Borges, der der Palette Quains die Erzählung »Las ruinas circulares« (»Die kreisförmigen Ruinen«) entnimmt, um sie seinem Buch *El jardín de senderos que se bifurcan* einzuverleiben. Derart stößt Borges immer wieder an die Grenze des Lesens, das zum Schreiben oder Geschriebenwerden wird. Einer seiner Lieblingsaussprüche war dieser Satz des Angelus Silesius:

»Freund, es ist auch genug! Im Fall du mehr willst lesen,
So geh und werde selbst die Schrift und selbst das Wesen.«

Dies geschieht nun in der Fiktion innerhalb der Fiktion, das heißt in dem Text, den er den erfundenen Werken Herbert Quains entlehnt hat. »Las ruinas circulares« spielen auf den bei Borges immer wiederkehrenden Begriff der Zeit als Zyklus an. Die ewige Wiederkehr ist eine Vorstellung, die er mit den Stoikern, Platon, Nietzsche und den indischen Zeitaltern verbindet.[5] In solchen Zeitkreisen verlieren die Menschen ihre Identität. In der Erzählung, die das Motto aus einem anderen Traumbuch, Carrolls *Through the Looking-Glass*, trägt, will einer einen Menschen durch Träumen erschaffen. Am Ende muss er erkennen, dass er selbst das Scheinbild eines anderen Träumers ist. Zugrunde liegt hier die berühmte Parabel des Taoisten Dschuang-Tse, in der dieser nicht weiß, ob er den Schmetterling träumt oder der Schmetterling ihn. Ein Traum schließt einen anderen in sich, Identitäten werden austauschbar. In seinem Essay über Coleridges Gedicht »Kubla Khan« zeigt Borges eine Verkettung, in der die Träumer nur noch Glieder eines sich ständig in der Literaturgeschichte fortsetzenden Traumes sind. Diesen Verlust von Identität hat Borges allerdings nicht nur in der Literatur gefunden. Während des Falkland-Krieges zwischen Großbritannien und Argentinien sagte Borges einmal traurig zu Al-

5 Er setzte sich mit diesen Denkformen 1935 in dem Essayband *Geschichte der Ewigkeit* auseinander.

berto Manguel, einem seiner Vorleser: »Was glaubst du, warum hat wohl niemand bemerkt, daß General Galtieri und Mrs. Thatcher ein und dieselbe Person sind?«[6] Auf der anderen Seite kann der Gegensatz von Traum und Wachen auch Personen aufspalten, wie in der Erzählung »El otro« (»Der Andere«). Hier trifft »Borges« auf sein jüngeres Selbst – sind sie eins oder sind sie zwei? Des einen Schicksal ist es, der andere zu werden; der eine träumt nur sein zukünftiges Selbst, der andere erlebt sein früheres Selbst im Wachbewusstsein.

In der Kreisförmigkeit ist ein weiteres Symbol Borges' eingeschrieben. Würde man den Prozess der Auflösung von Unterschieden und der ewigen Wiederholung räumlich fassen, so erhielte man das Labyrinth. In der Erzählung »El inmortal« (»Der Unsterbliche«) ist das Labyrinth räumlich und zeitlich zugleich. Es wird dort so definiert: »Ein Labyrinth ist ein Haus, das die Menschen irreführen soll; seine Bauweise, die in Symmetrien schwelgt, ist auf diesen Zweck ausgerichtet.« Der Irrende bemerkt am Ende der Zeiten, dass er Homer gewesen ist, dann aber Odysseus' Niemand, schließlich aber alle sein wird, denn »ich werde tot sein«. Irrgärten sind auch die Bücher, ja die Schrift. Das Buch, das in der gleichnamigen Geschichte »El libro de arena« (»Das Sandbuch«) heißt, ist eine Ungeheuerlichkeit: es ist unendlich, daher ein Labyrinth ohne Ausgang. Der Erzähler sieht sich als Gefangener des Buches. Noch genauer wird ein solches Buchlabyrinth in Borges' vielleicht bekanntester Erzählung »La biblioteca de Babel« (»Die Bibliothek von Babel«) beschrieben. Hier ist die Welt zum Buch geworden. Was Stéphane Mallarmé einst als poetisches Credo ausgab – alles was auf der Welt existiert, muss ein Buch werden – ist eingetreten. Kaum aber ist der Traum in Erfüllung gegangen, so verwandelt er sich in einen Alptraum. Treppen und Leitern, sechseckige Galerien

6 Alberto Manguel, *Im Spiegelreich*, Berlin: Volk und Welt, 1999, S. 86.

und Gänge setzen sich für den einsamen Bibliothekar bis in eine schwindelnde Tiefe fort. Die Welt aus Büchern ist ein Gefängnis, wie wir es aus Piranesis römischen Bildern kennen, die Gestalt der Bibliothek ist genauso unbekannt wie das Universum. Die Regale sind gefüllt mit den möglichen und unmöglichen Kombinationen von 25 orthographischen Symbolen. Die Buchstaben erzeugen chaotische Sequenzen und mitten darin sinnvoll erscheinende Phrasen, Episoden, ganze Romane und Philosophien. Der Zufall regiert und produziert in seiner Unendlichkeit, die andere für Gott halten, alles was sich schreiben lässt, von der Geschichte der Zukunft und den Autobiographien der Erzengel bis zu den Katalogen der falschen Kataloge, Bedas ungeschriebener Mythologie der Sachsen und der wahrheitsgetreuen »Darstellung deines Todes«. Diesen Text, in dem er seine bibliothekarischen Erfahrungen überhöht, hat Borges 1941 geschrieben, doch könnte er ebenso als eine melancholische Hymne auf jene andere Bibliothek gelten, deren Spiraltreppen erst 12 Jahre später beschrieben wurden und die wir DNA nennen. Borges' Denken, das von Spiegeln, Symmetrien, Wiederholungen und Kreisläufen fasziniert ist, wird von der biologischen Wirklichkeit auf erstaunliche Weise gespiegelt.

Spiegel und Wiederholungen sind Formen eines Alptraums, der dem oft schlaflosen Borges vertraut war und den er deshalb in vielen Texten umkreist. Der Alptraum kann auch Zugang zu anderen Welten sein, etwa zu dem rätselhaften imaginären Planeten von »Tlön, Uqbar, Orbius Tertius«. Hier entsteht aus dem Spiegel am Ende eines Ganges in einem Landhaus und dem Unikat einer Enzyklopädie eine phantastische Welt, in der sich die Dinge verdoppeln oder undeutlich werden, je nachdem ob man sie beachtet oder vernachlässigt. Es ist eine Welt, in der der Geist fortwährend auf die Materie zurückwirkt, in der man Dinge ausgraben kann, die jünger sind als das Datum der Grabung. All das ist in diesem Spiegelland, und doch werden Spiegel als etwas Monströses gesehen. Einer der Häresiarchen von Uqbar habe behauptet, die Spiegel und die Paarung seien abscheulich, weil sie die Zahl der Menschen vervielfachten.

Die Paarung? Borges verbirgt in solchen Anspielungen Lebensangst, die seine buchgesättigten Bücher abdämpfen oder sublimieren. Borges war oft verliebt, selten wurde die Liebe erwidert. Er war schüchtern, lebte meist bei seiner Mutter und seine kurze Ehe war ein Desaster. Sein Glück fand er in den weitläufigen Räumen der Literatur und später in seiner Beziehung zu María Kodama. Als Kind schämte »ich mich schon sehr früh, ein Bücherwurm zu sein und kein Mann der Tat«[7]. Dabei ist die stark patriarchalische, männlich dominierte Welt des alten Argentinien zu bedenken. Sie bringt Figuren hervor wie die Krakeeler, Messerstecher, Tangotänzer und Gauchos mit ihren rüden Sitten. Borges war immer von diesem Kult der Männlichkeit angezogen, vielleicht weil dieser dem Büchernarren und Dichter so wesensfremd war. Viele Erzählungen widmete er diesem Milieu, das er auch mit Kindheitserfahrungen im Stadtteil Palermo verband, in dem er aufgewachsen war. Ein Beispiel für dieses literarische Arbeitsfeld ist die Erzählung »Hombre de la esquina rosada« aus dem Band *Historia universal de la infamia* (*Universalgeschichte der Niedertracht*, 1935).

»El sur« (»Der Süden«), eine seiner besten Erzählungen, zeigt den Einwanderer Dahlmann, der gerne ein echter Argentinier wäre. Er hat im Süden eine Estancia, aber verbringt seine ganze Zeit in der Stadt. Erst ein Unfall auf der Treppe – einen ähnlichen hatte Borges erlitten – bringt ihn in den Süden. Nach einem Krankenhausaufenthalt will er sich endlich zur Erholung auf die Estancia begeben. Was ist der Süden? »Jedermann weiß«, schreibt Borges mit seinem subtilen Humor, »daß der ›Süden‹ jenseits der Straße Rivadavia beginnt.« Aber der Süden ist auch das Grenzenlose, das Offene, die Wunde. So gerät er in den wirklichen Süden, der auch sein Tod ist. Aber es ist ein gewählter Tod, ein männlicher

7 »Autobiographischer Essay«, S. 12.

Tod im Duell. Der Literat, der Dahlmann auch ist, erweist sich seinen Vorfahren gegenüber damit als ebenbürtig, wenigstens dieses eine Mal. »La intrusa« (»Der Eindringling«) schreibt dieses Thema fort, jedoch mit einer weiteren Drehung der Schraube. Zwei Brüder erniedrigen und ermorden schließlich eine Frau, die ihrer Harmonie im Wege steht. Eine Frau, die von Borges einmal geliebt wurde, Estela Canto, hielt die Erzählung für eine der niederträchtigsten, die er je geschrieben habe. Die phantastischen Erzählungen sah sie dagegen als eine Form der Befreiung aus den Sümpfen so verstandener Männlichkeit.

Das könnte auf seine bekannte Erzählung »El aleph« (»Das Aleph«) zutreffen, die er Canto widmete. Hier versucht der Erzähler, sich über einen magischen Gegenstand, der das ganze Universum enthält und in einem Keller versteckt liegt, die Erinnerung an seine verstorbene Geliebte wachzurufen. Aber auch hier wird die Frau ersetzt durch ein Objekt, das sie nur noch mittelbar erfahren lässt, ähnlich wie der Graf in Jules Vernes *Karpathenschloss* sich seine geliebte verstorbene Sängerin mittels Hologrammen und Grammophon zum Leben erweckt. In Borges' Bibliothek lauert so manche Männerphantasie. Vielleicht auch die, immer wieder zu versuchen, die endgültige Formel für das Universum zu finden, jenen magischen Gegenstand, der wie das Aleph Vergangenheit und Zukunft zusammenschießen lässt, oder wie der Zahir in der gleichnamigen Erzählung, der eine Münze, ein Tiger, ein Blinder, ein Astrolabium, ein Kompass oder eine Marmorader sein kann, vielleicht aber auch der Boden eines Brunnens. Doch wir lieben Borges, weil er solchen Phantasien immer auch seine Ironie entgegensetzt. Sie ist nicht ohne jene Melancholie zu denken, die aus jedem Wissen den Pollen der Vergeblichkeit herausfiltert. Er kann sich an einiges erinnern, sagt der Erzähler in »El zahir« (»Der Zahir«): »Noch bin ich, wie immer lückenhaft, Borges.« Erinnerung und Vergessen sind Impulse in seinem Werk, sie bestimmen das Bild der Person, sie bilden Landkarten ab, die manchmal identisch mit dem Land sind, manchmal nur Bruchstücke darstellen. Dem Blinden ist die Erinnerung besonders wichtig. Sie wird zum Inbegriff des Lebens, das Rückschau ist – so wie in vielen Gedichten von Borges.

In dieser Rückschau hat er auch sein Verhältnis zur deutschen Sprache beschrieben. In dem Gedicht »Al idioma alemán« (»An die deutsche Sprache«) skizziert er seine Liebe zu diesem größten Werk, das die Deutschen hervorgebracht haben. In seiner Jugend in Genf hatte er Deutsch gelernt und wie andere Sprachen hat er sich auch diese über ihre Literatur angeeignet. Heine war sein Lieblingsdichter, Schopenhauer verehrte und zitierte er häufig. Goethe spielte dagegen keine Rolle für ihn. Die deutsche Geschichte mit ihren Abgründen lockte ihn an, etwa in der Erzählung »Deutsches Requiem«, das als eine Auseinandersetzung mit dem Nationalsozialismus und seinen argentinischen Ausläufern gelesen werden kann. Die deutsche Romantik zeigt hier ihre perverse Seite, die Seite des Bösen. Dennoch war ihm die Romantik teuer. Das letzte Buch, das er sich vor seinem Tod im Genfer Krankenhaus vorlesen ließ, war Novalis' *Heinrich von Ofterdingen*. Träume spielen darin eine herausragende Rolle und an einer Stelle heißt es, Träume seien Risse in dem geheimnisvollen Vorhang unseres Inneren. Als einen solchen traumhaften Riss im Vorhang der Realität können wir das Werk von Borges begreifen.

Elmar Schenkel

Inhalt

Al idioma alemán 3
La intrusa 5
Las ruinas circulares 14
La biblioteca de Babel 27
El sur 44
El milagro secreto 58
El libro de arena 72
El otro 81
La casa de Asterión 96
Deutsches Requiem 101
Los dos reyes y los dos laberintos 115
Hombre de la esquina rosada 117
La trama 133
Diálogo sobre un diálogo 135
El cautivo 137

Editorische Notiz 139
Literaturhinweise 141
Nachwort 143